现代学前教育组织及其管理

邵宾　著

 吉林大学出版社

·长春·

图书在版编目（ＣＩＰ）数据

现代学前教育组织及其管理 / 邵宾著. -- 长春：
吉林大学出版社，2021.11
ISBN 978-7-5692-9805-5

Ⅰ.①现… Ⅱ.①邵… Ⅲ.①学前教育—教学组织
②学前教育—教育管理 Ⅳ.①G61

中国版本图书馆 CIP 数据核字 (2022)第005109号

书　　名　现代学前教育组织及其管理
　　　　　XIANDAI XUEQIAN JIAOYU ZUZHI JI QI GUANLI

作　　者　邵　宾　著
策划编辑　米司琪
责任编辑　米司琪
责任校对　柳　燕
装帧设计　乐　乐
出版发行　吉林大学出版社
社　　址　长春市人民大街 4059 号
邮政编码　130021
发行电话　0431-89580028/29/21
网　　址　http://www.jlup.com.cn
电子邮箱　jldxcbs@sina.com
印　　刷　天津和萱印刷有限公司
开　　本　880mm×1230mm　1/32
印　　张　8.5
字　　数　210 千字
版　　次　2023 年 5 月　第 1 版
印　　次　2023 年 5 月　第 1 次
书　　号　ISBN 978-7-5692-9805-5
定　　价　58.00 元

前　言

　　学前教育一直是教育行业的重要组成部分，伴随着人民生活水平的提升，学前教育越来越受到人们的重视，幼儿园也成为学前教育的主要活动场所。幼儿时期是幼儿能力培养的初步阶段，优质的学前教育能够对幼儿未来的性格养成起到重要作用，在幼年时期形成良好习惯，增强幼儿的表达能力，为国家培养更多的优秀人才。伴随着教育新要求的提出，新时期的幼儿学前教育也当紧跟步伐，积极解决学前教育中的问题，制订新方法是当前幼儿学前教育实现可持续发展的必然要求。

　　基于此，本书以"现代学前教育组织及其管理"为题，全书共设置八章，第一章阐述管理的内涵、学前教育管理的内涵、常用的管理方法；第二章分析学前教育的行政组织、学前教育的组织机构、各行政部门的职责；第三章探讨幼儿园管理的特征与理论基础、幼儿园管理的基本过程、幼儿园管理的基本原则；第四章探究应全面考虑的问题、应遵循的原则、光环境与活动区域的创设及管理、幼儿园公共环境涂鸦艺术设计、自然主义教育思想下的幼儿园环境；第五章分析幼儿园保教工作与管理、幼儿园总务工作管理、幼儿园卫生保健工作管理、幼儿园安全工作管理；第六章研究幼儿园组织气氛与幼儿园教师情绪劳动的关系、幼儿教师情绪管理系统构建的总体思路、建立幼儿教师情绪管理系统的组织机构、制定幼儿教师情绪管理系统的规章制度、落实幼儿教师情绪管理系统的具体措施；第七章分析幼儿园科学教育的组织、幼儿园过渡环节活动的组织、幼儿园社会实践活动的组织、幼儿园户外活动的组织——以大班为例、幼儿园主题性区域活动的组织；第八章解析幼儿园精细化管理、幼儿园游戏化管理、幼儿园教师班级管理、幼儿园分类管理——以民办幼儿园为例、幼儿园家长参与管理的策略。

全书理念新颖独特，内容丰富详尽，结构逻辑清晰，客观实用，从学前教育管理及其组织机构的角度对读者进行引入，系统性地对幼儿园的组织管理进行解读。另外，本书注重理论与实践的紧密结合，对教育相关行业具有一定的参考价值。

本书的撰写得到了许多专家学者的帮助和指导，在此表示诚挚的谢意。由于笔者水平有限，加之时间仓促，书中所涉及的内容难免有疏漏与不够严谨之处，希望各位读者多提宝贵意见，以待进一步修改，使之更加完善。

目　录

第一章 管理与学前教育管理的理论研究

管理存在于人类的各种社会劳动或共同活动中，没有管理就无法进行社会生产及活动。作为一名 21 世纪的知识型人才，应该对管理的知识有初步的了解。本章主要内容包括管理的内涵、学前教育管理的内涵、常用的管理方法。

第一节　管理的内涵

一、管理的含义

管理是随着管理实践的发展而发展的，在不同的阶段，不同的学派从不同的角度赋予了管理不同的含义。目前普遍认为，管理是指通过计划、组织、领导和控制等手段，协调以人为中心的各种资源及职能活动，以期高效地达到组织目标的过程。

（1）管理的目的：高效地达到组织目标。

（2）管理的手段：计划、组织、领导和控制。

（3）管理的本质：协调。

（4）管理的对象：以人为中心的各种资源及职能活动。

二、管理的属性

管理具有双重属性，即同社会化大生产相联系的自然属性，以及同社会制度相联系的社会属性。从根本上说，管理之所以具有双重属性，是因为其对象——社会生产过程本身具有双重性。任何社会生产都是在一定的生产方式下进行的，生产的过程既是物质资料的再生产过程，同时也是生产关系的再生产过程，这就决定了对生产过程所进行的管理具有双重属性。

（1）管理的一般属性——自然属性。管理是适应共同劳动的需要而产生的，在社会化大生产条件下，管理具有组织、指挥与协调生产的功能，是社会劳动过程的普遍形态，只要进行社会化大生产就必然需要进行管理，也就是说管理的自然属性取决于生产力发展水平和劳动的社会化程度，不取决于生产关系。

（2）管理的特殊属性——社会属性。管理是适应一定生产关系的要求而产生的，具有维护和巩固生产关系、实现特定生产目的的功能，因此社会属性是管理的特殊属性。

第二节　学前教育管理的内涵

一、学前教育管理的含义

学前教育管理作为一种现象或活动，是教育管理的一个分支，而教育管理又是管理学科的一个组成部分。结合管理的内涵，可以把学前教育管理定义为：根据一定的教育与管理理念，采用科学的工作方式，有效利用人、财、物等各方面力量和资源，从而获得良好的幼儿教育质量效果，包括办园质量效果，以最大限度地发挥学前教育的社会效益的活动过程。学前教育管理包括宏观和微观两个方面：前者指国家或地方政府对幼儿教育事业的管理，即学前教育行政；后者为各类具体学前教育机构的管理，包括早教机构、幼儿园等。

二、学前教育管理的对象

在不同的学前教育管理活动中，管理对象是不一样的，但都包括人、财、物、时间、信息这五个要素。

（1）对人的管理主要涉及人员分配、工作评价、人力开发等。

（2）对财的管理主要涉及财务管理、预算控制、成本控制、资金使用、效益分析等。

（3）对物的管理主要涉及资源利用，物料的采购、存储与使用，设备的保养与更新，办公条件和办公设施等。

（4）对时间的管理主要是如何合理安排工作时间并提高工作效率，在最短的时间内达到组织目标等。

（5）对信息的管理主要涉及组织外部、内部信息的快速收集、传递、反馈、处理与利用，对发展趋势的准确预测等。

第三节　常用的管理方法

幼儿园管理方法是实现幼儿园管理目标，开展管理活动所采用的各种手段、措施和途径等的总和。幼儿园管理方法受一定的管理思想和管理原则的指导，并与幼儿园各项管理工作的内容相适应。

一、行政方法

幼儿园管理的行政方法是指幼儿园管理者依靠各级组织机构及其赋予的权力，通过发布行政指令的方式，直接对教职员工产生影响的管理手段。

按照行政方法，幼儿园中的各级各类组织及其人员的职责和权力范围是有严格规定的，各级之间的关系是明确的。行政方法的核心是各级组织及其管理者一定要有职、有责、有权、有能力。如果职责与权力脱节，职务与能力相脱节，就会影响行政方法的有效性。可见采用行政方法的管理就意味着上级对下级有指挥和控制的权力，下级对上级有服从的责任和义务。

任何一种社会性活动，特别是管理活动，如果没有一定的权威和服从，都是不能存在的。如果每个人想干什么就干什么，那就不会有共同的目标和协调一致的行动，也就不会有社会性组织及其活动的存在。因此，从这个意义上讲，行政方法对任何一种管理都是有必要的。

二、经济方法

幼儿园管理的经济方法是指幼儿园管理者运用各种经济手段，调动教职工的积极性，对教职工的行动进行管理的方法。

幼儿园管理的经济方法是根据教职工的工作表现和实际成绩以及按劳分配的原则，运用工资、福利、奖金、罚款等经济手段的杠杆，组织调节和影响教职工的行动，以提高幼儿园管理的效率，促进幼儿园管理目标的实现。

心理学的研究表明，物质利益是人们工作的基本动因之一。经济方法的实质是物质利益原则，即运用经济手段不断调整各方面的物质利益关系，把个人利益与集体利益结合起来，从而提高全员工作的积极性和责任感。社会主义管理不能单凭政治热情和行政命令，还必须借助经济方法，从个人利益上关心每个人。如果不承认经济利益的调节作用，就会挫伤教职工的积极性，给幼儿园工作造成很大的损失。

近年来，随着社会主义市场经济体制的建立，随着幼儿园管理体制改革的不断深化，实践证明，经济方法在幼儿园管理中的运用是一种客观要求，它是调动广大教职工的积极性、提高幼儿园管理成效的一种有效的方法。

第二章 学前教育的行政与组织机构

教育行政是政府的职能，是国家行政的重要组成部分，是由国家通过政府的教育行政部门对教育事业进行的组织、领导和管理。本章阐述了学前教育的行政组织、学前教育的组织机构、各行政部门的职责。

第一节　学前教育的行政组织

一、学前教育行政组织体制

（一）学前教育行政组织体制的类型

学前教育行政组织是国家为了实现一定的学前教育目标，根据宪法和法律组建的国家行政机关体系。学前教育行政组织体制是指国家行政系统内部围绕学前教育行政职责的划分、权限的分配、机构的设置及其机构间隶属关系而形成的一套制度化的关系模式。

根据不同的角度、运用不同的标准，可以将学前教育行政组织体制分成多种类型：

（1）从中央与地方权限划分来看，可分为地方分权制、中央集权制与混合制。

（2）从教育行政组织与政府的关系来看，可分为从属制和独立制。

（3）从决策权与决策方式来看，可分为首长制和委员会制。

（4）从教育行政决策者的教育行政专业化程度来看，可分为专家管理制与外行管理制。

（二）我国学前教育行政组织体制的特点

我国的教育行政，在强调统一的教育方针、政策的同时，也重视地方对教育尤其是基础教育的领导和管理责任。

我国目前实行的是"地方负责，分级管理和有关部门分工负责"的教育行政体制。中央教育行政机构掌握着教育大政方针和宏观规划的制定，具体政策、制度、计划的制定和实施，对学校的领导、管理和检查的责任和权利则交给地方。至于省（区、市）、市（地）、县、乡分级管理的职责如何划分，由省（区、市）级教育行政机构决定。

二、学前教育行政组织的基本结构

学前教育行政组织结构，是指构成学前教育行政组织各要素的配合和排列组合方式，包括学前教育行政组织各成员、单位、部门和层级之间的分工协作，以及联系、沟通方式。

（一）纵向结构——层级制

层级制结构是行政组织内部纵向的结构形式，它是上下级政府之间以及上下级政府所属部门之间所形成的关系形式。在这种结构中，职位、职权、职责在合法基础上，从组织最高层向最低层垂直分配，形成不同的等级系列，每个层级拥有所管辖范围的决策、指挥权。不同层级所管辖的业务性质大体相同，只是管辖的范围随层级的降低而缩小，也就是说，层级越高，管辖范围越大，职责与权力越大，组织数量也越少；层级越低，管辖范围越小，组织数量愈多。不同层级间垂直的领导与被领导、服从与被服从的上下级关系是这一结构形式最突出的特点，由此纵向呈现出金字塔形的垂直领导关系。层级制具有指挥灵便、行动统一的优点。

我国行政组织的层级结构为国务院、省级人民政府（区、市）级人民政府、市（地）级人民政府、县级人民政府、乡（镇）级人民政府，不同级别的行政组织对学前教育的管理职责也有所不同。

（二）横向结构——职能制

行政组织横向结构的职能制是以行政组织内部各功能单元之间以协同与制约关系为主要内容的结构形式，即在层级制的统一系统外，按专业化原则设置的职能系统，它是组织横向专业化分工的结果。由于行政组织管理公共事务内容的复杂多样性，单靠任何一个层级的行政组织都不可能胜任，因此就需要在划分层级的基础上，按业务性质的不同，设立平行的不同部门，以便分门别类地管理好各种事项，可见专业分工是职能制的要义。职能制结构的优点在于有助于发挥组织的技术专长。但是职能制在运行中也有缺陷，如果分职不当，分工过细，容易造成机构臃肿、部门林立、管理失控，增加协调难度。

第二节 学前教育的组织机构

一、学前教育组织机构设置的意义

组织机构的设置是为了实现工作目标，按照一定的结构形式和职权分工，将有关的人员或部门合理组织起来，形成系统的、整体的管理活动，协调统一行动，保证组织目标的实现。学前教育机构设置就是通过建立适宜的机构，确定领导关系和职权分工，使学前教育机构内部各人员、各部门之间各司其职，最大限度地将所拥有的人力、物力、财力及机构外部资源等合理地组织起来，较好地实现任务目标。

现代管理科学重视组织机构的作用，组织工作是管理的一项重要职能。组织工作的顺利进行是依靠一定的组织机构实现的，组织机构作为连接管理主体与客体的纽带，是重要的管理手段，是发挥管理效能、实现管理目标的工具。

学前教育机构应根据上级的有关政策法律规定和自身实际来设置组织机构，负责园所行政管理工作。没有健全的组织就不能发挥管理的职能作用；而组织机构过于臃肿庞大，人浮于事，也不能提高工作效率。组织建设应注意形成相互联系的整体系统，以发挥各管理部门的最大效能。[①]

二、学前教育组织机构设置的依据

科学、合理的组织机构是实现学前教育机构高效优质管理的前提。学前教育组织机构设置的依据主要有以下方面：

第一，依据上级有关规定，即教委有关文件精神，参照有关规定，设置组织机构。

第二，机构的设置和人员的安排需依据组织设计的基本原则，按照任务目标原则、分工协作原则、责任权利原则、有效跨度原则和统一指挥原则等设置组织机构，更好地发挥组织职能，提高管理效益。设计组织机构需按照以下程序：①确定为达到目标任务，工作应由哪些方面或环节组成，从而确立工作任务衔接、岗位衔接、时间衔接的工作流程；②根据工作流程和工作任务、性质划分职能部门；③将各个职能部门的任务再行分解，以划分专门组和室，如将总务部门再划分为财务会计室、勤杂事务组、膳食组等；④根据各组室的任务定员定编，即按照各组室工作量的

---

①张晓焱.幼儿园管理[M].北京：航空工业出版社，2014：98.

需要确定相应数量的人员编制；⑤根据各个岗位上的任务，确定各岗人员应承担的责任、权力及应得到的利益（报酬），要注意在使各岗人员明确责、权、利的同时，了解本岗与其他岗位、部门、人员之间的关系。

三、学前教育组织机构的设置

（一）幼儿园组织机构的模式

幼儿园的组织机构分为行政组织和非行政组织。幼儿园的行政组织是以园长为核心的行政机构，园长负责全园的行政工作，按照幼儿园的规模设副园长或园长助理分管幼儿园的保教工作和后勤总务工作，各部门下设教研组与年级组等。非行政组织对幼儿园起着保证、配合、监督和制约的作用，是有效管理活动中不可缺少的一部分。这两部分组织相辅相成，缺一不可。

第一层为决策层，指园长，是幼儿园的最高行政管理者、指挥者，对幼儿园全面负责，具有决策权力。

第二层为执行层，其职责就是布置和执行决策，将决策转化为可操作的行动。

第三层是具体工作层，包括各班组、班级的工作人员。

（二）幼儿园组织机构的建立

幼儿园内的两类组织，即行政组织和非行政组织，前者承担幼儿园的具体管理职能，后者起着保证、配合、监督和制约的作用，是有效管理不可缺少的组成部分。

1.健全行政组织是行使管理职能的保证

幼儿园行政组织是以园长为核心的行政机构。幼儿园机构的核心人物是园长，园长负责主持全园行政工作。在园长的领导下，依工作性质和专业分工，设立三方面职能组织：保健组、教育组和总务组，贯彻指挥决策，从各方面创造和改善幼儿生活、活动和教育所需的环境条件，负责保健工作、教育工作的业务指导。幼儿园的基层行政组织是班级或班组，在园长或保教主任的领导下，担当保育和教育幼儿的责任。

2.非行政组织的监督保证与管理助手作用

幼儿园的非行政组织，即党团和群众组织。在幼儿园的非行政组织中，党的基层组织——党支部负责保证监督幼儿园的办园方向，同时担负对教职工进行思想政治工作的任务，党支部应教育党员发挥先锋模范作用，并团结全园职工努力完成幼儿园的工作任务。

共青团组织、工会等群众组织要注意发挥管理助手的作用。例如带动和发挥团员与青年的突击队作用，组织文化娱乐活动、业务和政治学习，做好生活福利工作，从不同方面促进幼儿园工作，促使幼儿园目标的实现。

3.实施分层管理，建立行政组织系统

依任务目标确立幼儿园的管理层次，明确相互间的职责关系。要较好地发挥幼儿园机构的组织职能，就需要实施分层管理，使各层次各部门之间关系明确、职责权限分明。幼儿园有三个管理层次，其相互关系体现为以下内容：

第一，幼儿园管理的高层为指挥决策层，园长为幼儿园行政负责人，是最高的行政领导者、指挥者。

第二，中层为执行管理层，管理者为各个职能部门的负责人，如保教主任、总务主任，他们一方面接受园长的指挥领导，另一方面负责对本部门教职工的管理和组织本领域的工作的开展。

第三，基层为具体的工作层，即各班级或班组，班级或班组的工作人员负责各类具体工作。要逐级授权，每一个管理层次均需依据上级或上一层次的指挥和意图，通过组织和协调下一层次的人力、物力来完成任务，从而上下管理层次分明，权责相应，各司其职，各负其责。

第四，与此同时，各平行部门之间也做到关系明确，分工协调。

教育、保健和总务是幼儿园管理的三大支柱，抓好各个职能部门的组织建设，应注意选拔事业心较强，有业务专长和组织管理能力的人担当部门负责人，使其在管理过程中发挥积极作用。幼儿园组织机构设置和人员的安排配备必须从实际出发，因地制宜。通过分层管理，建立适宜的组织体系或模式，使整个幼儿园管理渠道畅通，指挥灵，信息通，发挥较高的管理效率。

第三节 各级教育行政部门的职责

各级教育行政部门对学前教育事业的发展负有重要责任。各级教育行政部门对学前教育的重视程度和职责履行情况，直接影响着学前教育事业的发展方向和发展水平。

一、一般权限与专门权限

从行使职权的职能范围和业务性质来看，教育行政组织可以分为一般权限的教育行政部门和专门权限的教育行政部门。

一般权限部门指首脑机关，它不是专门性质的教育行政组织，而是负责统一领导所辖区域内所有行政机关的工作组织，其职权具有全局性和综合性的特点。在我国，一般权限的最高教育行政部门是指国家最高行政机关——国务院。换言之，一般权限部门管理很多事务，学前教育只是其中的一小部分。

专门权限部门是指一级政府所属的各职能部门，旨在执行一般权限部门下达的指示与决定，专门负责某一方面事务，其职权具有局部性和专业性的特点。在我国，专门权限的教育行政部门是指各级教育行政机关；国家一级专门权限的教育行政部门是教育部，它是国务院主管教育工作的一个专门职能部门。

二、各级教育行政部门的分级管理

（1）教育部负责制定有关学前教育的法规、方针、政策及发展规划。

（2）省级和地（市）级教育行政部门负责本行政区域学前教育工作，统筹制定学前教育的发展规划，因地制宜地制定相关政策并组织实施，积极扶持农村及老少边穷地区的学前教育工作，促进学前教育事业均衡发展。

（3）县级教育行政部门负责本行政区域学前教育的规划、布局调整、公办学前园的建设和各类学前园的管理，指导教育教学工作。

（4）城市街道办事处配合有关部门制定本辖区学前教育的发展计划，负责宣传科学育儿知识、指导家庭学前教育、提供活动场所和设备、设施，筹措经费，组织志愿者开展义务服务；乡（镇）教育行政部门承担发展农村学前教育的责任，负责建立乡（镇）中心学前园，筹措经费，改善办园条件。

第三章 幼儿园管理及其基本原则

在这个经济日益全球化和信息大爆炸的时代，幼儿园管理作为管理学的一个重要分支，越来越受到人们的重视。本章主要探究了幼儿园管理的特征与理论基础、幼儿园管理的基本过程、幼儿园管理的基本原则。

第一节　幼儿园管理的特征与理论基础

一般认为，幼儿园管理是用科学的方法研究幼儿园内部管理活动及其规律的一门应用科学。日本学者久下荣志郎将幼儿园管理定义为：幼儿园管理就是幼儿园为了实现目标的一切行为，一般可分为人的管理、物的管理和经营管理网。人的管理是指对幼儿园教职工及幼儿的管理；物的管理指的是对幼儿园资产、财务、环境、设备的管理；经营管理则是涉及幼儿园教育教学、卫生保健、总务后勤等以保证全部工作秩序正常运转的管理。幼儿园管理学可以从广义和狭义上分类。狭义的幼儿园管理学主要针对幼儿园具体的事务性工作；广义的幼儿园管理学是研究幼儿园具体单位之外的、宏观的学前教育管理，如教育规划、教育政策、行业规则、家长预期和社会环境等，当然也包括人口经济、社会风尚、自然地理及幼儿园业务圈等。对幼儿园管理学的研究与恰到好处的运用，在提高保教质量，促进幼儿全面发展，提升办园水平方面，有着非常重要的意义。

一、幼儿园管理的特征

由于幼儿园幼儿的年龄普遍偏小、没有能力去照顾自己，所以幼儿管理本身的特殊性也决定了幼儿管理的方向，具体特征如下。

（一）以幼儿发展为本

以幼儿发展为本，要关注幼儿的身心健康，立足幼儿终身发展。笔者认为，幼儿教育不是术业有专攻的教育方式，而是促进幼儿各个领域共同发展的教育方式，幼儿园教育是幼儿第一次真正以集体的形式，与幼儿园这个大家庭一同成长的一个过程，我们所要关注的不仅仅是幼儿在各年龄阶段所要达到的目标以及幼儿在某一方面的特长，而是幼儿的综合培养和全方面和谐发展。因此教师在工作中要加强对幼儿的观察，做到有教无痕，使幼儿能够在幼儿园快乐度过每一天。

以幼儿发展为本，要尊重幼儿的个体差异。每个幼儿由于先天、家庭等影响，其发展的内外部因素不同，导致其发展速度和达到某一水平的时间不完全相同。所以在工作中教师更应该多关注发展速度稍缓慢的幼儿，支持和引导他们向更高水平发展，以发展的眼光看待每个幼儿的每一点进步，时刻以积极的心态鼓励幼儿。

以幼儿发展为本，还要了解幼儿的身心特征及学习思维方式。3～6岁幼儿的学习主要是以总结往日经验为主，以具体思维认知世界，所以在设计幼儿一天的活动时要有丰富的教学用具，让幼儿身临其境，体验操作。

以幼儿发展为本，更要重视幼儿的学习品质。每个幼儿都是充满好奇心的小天使，他们对很多未知事物都充满好奇，同时每个幼儿都具有丰富的想象力。所以当幼儿在用他们的方式探索所好奇的事物时，我们需要做的是给幼儿尽可能地创造空间，适时引导，培养幼儿专注、勇敢等品格。

（二）保教并重，教养结合

随着人类对幼儿教育的不断研究，幼儿的身心健康和个性良好发展成为幼儿教育的重点，因此实行保育与教育相结合的原则显得尤为重要，实施体、智、德、美能力的综合培养成为幼儿教育的主线。所谓"保育"，是指工作人员照顾幼儿吃饭、睡觉等日常生活，这需要幼儿园把保育工作作为管理重点，保育人员热爱本职工作，在保育工作中能够把爱心贯穿于始终，以幼儿身心快乐为工作目标，全心全意照顾幼儿；所谓教育，就是根据幼儿年龄阶段的身心特征和接受能力，在教育实施中顺应国家政策要求有计划地对幼儿进行全面培育，让幼儿的体、智、德、美等方面皆能得到发展；保教结合，就是指幼儿园在管理上要时刻挂念幼儿的健康发展，工作中要时刻牢记教育重要，保育也必不可少，在各项活动中"保""教"结合，做到"保中有教""教中有保"。

二、幼儿园管理的理论基础

（一）人本管理思想

人本管理是以人为本，在管理中发挥人的主观能动性，积极调用各方资源完成管理工作的过程。有的学者认为人本管理归纳起来就是"3P"管理，即管理人、依靠人、为了人，理解这三点就能理解人本管理的本质。也有专家认为人本管理不能单单是人才管理而已，还要涉及人的情感管理、文化管理、民主管理等。而"人"与"物"的区别在于人能够发挥主观能动性，物需要人的合理有效利用才能实现价值，所以管理中各项活动都是由人完成，其中各种资源需要人的支配才能发挥价值，因此认识生产和发展的基本动力，了解和挖掘人的潜能才能有效地把资源优化利用，最终使人在管理活动中发展，达到人和组织共同进步的目标。

精细化管理理念涉及了人本管理，也强调了人的主观能动性和以人为本的思想观念，是将科学管理和人本管理完美结合的管理理念，是两者融合形成的符合现代管理发展的理念。

（二）教育服务产品理论

所谓教育服务产品理论就是把教育当作产品。幼儿教育不仅是教育服务产品的其中一种，还是教育服务产品的根基。幼儿是教育服务的对象，而家长是此服务的消费群体，这是因为幼儿年龄小，无法判断产品消费的好坏，只能由监护人父母代为做出消费判断。所以幼儿管理教育就是一款科学的服务产品，为幼儿的德、智、体提升做出全方位培育，幼儿教育产品要得到社会认可，必须打造更优质的品牌。

（三）教育系统论

奥地利理论生物学家贝塔朗菲提出观察事物不应该从局部出发，而应该从整体把握事物内部各要素之间的关系，要学会利用系统性思维和理论。而教育系统论有效地结合了系统理论，把教育看作是一个有机的整体，是一门系统的学科，必须用系统的科学思维来看待教育问题。教育发展有内在和外在的因素推动，幼儿成长发展也是通过外部环境和内部环境两者共同推动的。外部环境指的是社会各界的支持、家长的认可、国家各项政策的扶持等外在因素。内部环境包括幼儿园内部的工作人员、制度、机构设置等。因此，幼儿管理不仅要做到内部机构运行顺畅，也要能够承受来自外界因素的压力和影响。

第二节　幼儿园管理的基本过程

一、制订幼儿园工作计划

计划是预先确定目标要求和策略步骤的活动。有了计划，幼儿园的管理工作才会有明确的目标，管理者才能对全局的工作心中有数。因此，制订科学、合理的幼儿园工作计划对管理者提高管理效能具有保证、协调和控制作用。

（一）制订幼儿园工作计划的依据

制订幼儿园工作计划主要依据以下三个方面。

（1）上级部门的指示：国家或地方的全局性或具有长期指导作用的相关方针政策，或上级部门对某一时期工作的具体指示和要求。

（2）自身的实际情况：包括上一阶段的工作执行情况，以及幼儿园当前的人力、物力及财力的实际情况。

（3）幼教基本理论和发展动态：计划要符合常规和幼教改革动态，以免出现生源少、资金紧缺等问题。

（二）制订幼儿园工作计划的标准

幼儿园工作计划的可行性直接关系到幼儿园管理目标能否实现，因此，制订一份切实可行的工作计划十分重要。一般来说，制订幼儿园工作计划有以下标准。

（1）方向正确、切实可行：计划的工作目标和实施措施应该是明确而具体的，有切实可行的方法和步骤，要能够付诸实施。

（2）全面完整、重点突出：计划工作内容要与前期工作紧密衔接，既要兼顾保育和保教，又要突出本园特色或本阶段的重点工作内容。

（3）分工落实、保持弹性：计划要落实到各部门、各岗位，同时要多估计几种可能性，多准备几套应急方案。

（4）要求明确、便于检查：计划要有明确的规定，要定人、定质、定量、定时，以便检查和总结。

（三）制订幼儿园工作计划的步骤

（1）调查分析、提出目标。调查分析幼儿园面临的现状和具备的条件，提出幼儿园管理需要解决的主要问题或要实现的目标，这些问题或目标既要立足本园实际，又要面向幼儿园的未来发展。

（2）确立目标。确立目标是计划的重要环节，要注意确立的并不只是一个单一的总目标，而是要制订各部门、各项工作的目标体系。

（3）设计方案。幼儿园工作计划是靠全体教职工共同完成的，因此在制订时要集体讨论，集思广益，从多角度设计出多个可供选择的方案。

（4）可行性分析。各方案的可行性需要进一步分析，如执行方案所需的条件是否具备，各项资源是否充分利用；方案是否得到员工的支持和参与；是否考虑各部门的协调配合等。[①]

（5）形成计划。选定最佳方案后，要将其进一步分解，逐级展开，形成各部门、各项工作的子计划，最后形成完备的计划方案，打印并向全园公布实行。

二、执行幼儿园工作计划

执行计划是管理过程的核心阶段，是实现组织目标的关键。

---

① 张晓芬，尚天天，李爽.新型城镇化进程中学前教育发展与管理模式[J].现代教育管理，2014（8）：27-30.

因此，在此阶段管理者要注意提高全体教职工的计划执行意识，将计划的内容转化为实际行动，具体执行活动可概括为组织、指导、协调、教育和激励等。

（一）组织

在幼儿园管理活动中，计划执行阶段的组织是指为了有效地实现计划目标，使系统中的人、财、物在一定条件下充分发挥作用并做到最好的配合，主要内容包括以下方面。

（1）任务的组织。任务的组织就是根据幼儿园工作计划，使各岗位人员明白前一个阶段工作中出现的问题及本阶段的工作目标、内容、要求等。在此基础上把全园工作任务逐层分解为各部门、各岗位的工作任务，使全体教职工协调一致地完成全园的工作任务。

（2）人员的组织。人员的组织就是合理分配教职工，使各岗位人员分配适当，工作有效率，具体应做到以下内容。

第一，知人善任、扬长避短。幼儿园管理者要了解本园工作人员的特长、素质、业务水平、教学能力和特点等，按照幼儿园工作特点和需要，从而科学合理地配备人员。

第二，统筹兼顾、全面安排。幼儿园管理人员要注意各部门人员配备的相对均衡，以保证全园工作的顺利开展。例如，各年龄班都应配备把关的骨干教师，同时低年龄班的教师力量应配备得略强一些。

第三，不同情况、不同要求。幼儿教师一般可分为3种类型：一是经验丰富的老教师；二是年富力强的中年教师；三是经验少精力旺的年轻教师。幼儿园管理人员要根据教师的不同特点，对他们的工作提出要求，确保他们在能力范围内较好地完成工作任务。

第四，新老搭配、以老带新。配备人员既要保证各年龄班的保教质量，又要使新教师向老教师学习，使其得到培养和提高。

第五，结合愿望、双方共赢。幼儿园管理者还要尽量了解每一位职工的兴趣和愿望，并尽量满足，从而最大限度地激起他们的工作热情，使幼儿园和教师都能获得最大益处。

（3）资源的组织。这里的资源主要是指财、物两方面。在幼儿园管理中要注意财、物的投入和安排围绕幼儿园的总体目标，综合考虑财力的合理性、效益性以及物力的经济性、安全性和多用性，做到财尽其力、物尽其用。

（4）时空的组织。时空的组织有两方面含义：①时间的组织：在时间安排上体现轻重缓急，确保重要任务的完成；②空间的组织：对幼儿园场地的合理安排和使用，保证一定面积的绿化带和幼儿户外活动场地。

幼儿园的户外活动场地要充分利用并使每个班都有各自的活动空间，发挥最大的空间利用价值。

（二）指导

幼儿园工作人员在执行具体的工作计划时，往往过分集中于本部门、本岗位的工作，而忽视了幼儿园整体的目标。因此，幼儿园管理者需要进行指点、引导，从而纠正偏差，提高工作效率，管理者在具体工作中要注意以下内容。

（1）必须有全局观念，明确幼儿园整体目标，同时了解各部门的具体计划和工作人员情况。

（2）要有正确的指导方式，能够因人而异，采用启发或示范的方式，不可动辄训斥或一手包办。

（3）要善于把握指导时机，时机过早收不到效果，时机过晚则作用不大。

（三）协调

幼儿园管理者要随时根据计划执行过程中的情况变化来协调各种关系，以增强组织的活力，减少内耗，使幼儿园工作按原定计划进行。一般来说，幼儿园管理者需要协调处理的关系主要有以下方面。

（1）人与人的关系。在幼儿园工作计划的执行过程中，人与人之间的关系是否和谐直接影响着计划完成的质量。因此，幼儿园管理者要注意协调内部各层领导之间的关系、各工作人员之间的关系等。

（2）各子系统之间的关系。幼儿园各子系统相互独立又相互联系，系统之间的关系如果不和谐就会引起幼儿园的资源内耗，不利于计划的完成。因此，幼儿园管理者要协调好各子系统、各部门、各环节的关系。

（3）幼儿园与外部的关系。协调幼儿园与外部的关系主要是协调好幼儿园与上级教育行政部门、相邻近的幼儿园以及与幼儿园直接衔接的小学的关系。

（四）教育

一般来说，计划的制订都带有一定的前瞻性，因此，在执行过程中必然会存在不同程度的难度或障碍，这种情况表现在员工身上就会出现消极情绪、畏难怠工等。因此，幼儿园管理者要经常性地组织教育工作，加强思想教育，从主观上调动幼儿园全体教职工的工作积极性、主动性和创造性。

（五）激励

幼儿园管理者要善于利用物质和精神奖励来激发幼儿园工作人员的工作热情、激励工作要注意以下两点。

（1）激励要贯穿于计划执行的整个过程，及时进行，例如教职工工作不顺利或情绪低落时，某部门或岗位工作处于落后状况时，管理者进行较大的协调变动措施时都需要管理者进行有针对性的适时激励。

（2）灵活运用物质激励和精神激励的手段，并恰当地把握激励的量，使激励作用发挥得恰如其分。

三、做好计划执行情况的总结

总结是管理活动的最后一个环节，是对工作的全面回顾，即对计划、执行和检查做出总的分析与评价，并对工作的过程及其结果做出质和量的评价，通过总结得出经验教训，探讨工作规律，并成为下一周期计划制订的依据。总结起着承上启下、积累经验、增强工作的预见性与自觉性、促进管理水平提高的作用。

（一）总结的类型

幼儿园工作应通过适时进行周期性总结，推动管理过程不断运转，促使幼儿园管理科学化。

按内容分：全面工作总结，如学期末对全园工作的总结；单项或专题性总结，如在上级分类验收后做的工作总结。

按部门分：全园总结，如总务工作总结；部门总结，如保教工作总结、班组总结、个人总结等。

按时间分：长期计划总结，如3年工作总结或年度、学期总结；短期计划总结，如月度工作总结。

（二）有效总结的基本要求

在幼儿园管理过程中，很多管理者都能够认识到总结的重要性，但实际的总结往往是走形式，教职工表扬管理者，管理者表扬教职工，并不能从总结工作中汲取经验和教训，导致整个管理过程不完整，难以取得进步，大多在原有水平上重复进行。要做好总结阶段的工作，使其真正有效应注意以下基本要求。

（1）以计划为依据。幼儿园的总结工作应注意以目标、计划为依据，对照工作结果，判定工作成绩与不足，总结经验和教训。对已经完成的工作和做出的成绩予以肯定，并以此鼓舞全体教职工的士气；同时把握现行工作与计划目标的差距，并确定新的工作对策。

（2）以检查为基础。总结工作应该以检查阶段所获得的信息与典型事例为基础，并向全体教职员工发布有关信息，由各部门组织教职工进行部门总结和个人总结。

（3）以研讨为特点。把总结看成简单的汲取经验教训是远远不够的，在幼儿园管理工作中，管理者还应该从总结中发现可能存在的问题，并组织教职工共同分析研讨，研究出解决问题的方法，从而有效地防范问题的发生。

（4）注重探索规律。总结要通过对问题和成绩的评价，加强研究寻找规律，从而指导以后的实践工作。

第三节　幼儿园管理的基本原则

为了使幼儿园能够实现制定的教育目标，有效而正确地处理在管理期间出现的一系列问题和矛盾，幼儿园管理应遵循的原则主要有以下几点。

第一，坚持正确的办园方向。管理活动要达到效果必须要有计划，计划最终的目的是实现目标，所以必须要坚持正确办园方向原则。一是明确指导思想。幼儿教育的目的是为国家人才教育打下基础，因此幼儿园在管理过程中不能只为追求经济利润。二是明确任务。在确保幼儿身心健康的情况下完成教育任务，让家长和社会满意。

第二，整体把控、保教为主。保教工作是幼儿管理不可忽视的关键点，管理者要在整体管理的基础上加以重视保教工作，抓教育工作的同时也要兼顾保育工作。

第三，民主管理。根据幼儿管理的特点，建立相关制度和流程，在园务管理和家长管理方面坚持民主原则，客观高效决策，提升效率。

第四，重视办园效益。包括社会效益和经济效益。社会效益：幼儿园的主要产品是教育和服务，其社会效益主要体现在对幼儿发展的意义、对国家教育的贡献、对社会经济文化的促进及收入分配效益等。经济效益：因提供教育和服务而获得的相应经济收入回报，应坚持勤俭办园，管理上合理分配资源，确保不浪费，最终实现经济效益优化。

第五，社会协调性。关注社会需求，收集来自社会各界的信息；坚持以社会需求为基础，提倡开门办园；协调国家、社会及家长等各方面的关系；预测幼儿园内可能出现的安全隐患并以此做出应急预案。

第四章 幼儿园环境创设与管理

在教育上，环境所扮演的角色相当重要，在环境中所吸取的东西，可以融入人们的生命之中。本章围绕幼儿园应全面考虑的问题、应遵循的原则，光环境与活动区域的创设及管理，幼儿园公共环境涂鸦艺术设计，自然主义教育思想下的幼儿园环境展开研究。

第一节　应全面考虑的问题

适宜的环境对幼儿的学习与发展至关重要，成人要为幼儿创设积极的、富有支持性的环境，让幼儿在与环境的积极互动与主动探索中，获得有益的经验。

一、重视精神和物质环境建设

幼儿园的环境包括精神环境和物质环境两方面。管理者和教师在创设环境时，不仅要关注园舍建筑、园内装饰、场所布置、设备条件、物理空间的设计与利用及各种材料的选择和搭配，更要为幼儿创造一个平等、宽松、理解、激励的人际环境和精神氛围，如教师在与幼儿交往过程中尽量表现出支持、尊重、肯定的情感态度和行为，引导幼儿学会与同伴分享、合作、助人、遵守规则。从幼儿心理学的角度来看，积极健康的精神环境，有如下重要的标识。

第一，能使幼儿产生心理安全感与心理自由感，表现出轻松愉快的状态。

第二，能使幼儿的好奇心、创造动机和兴趣等心理需要得到满足。

第三，能使幼儿乐于表达或交流思想与情感。

第四，能使幼儿学会关心同伴、共享玩具、相互尊重。

第五，能使幼儿产生遵守纪律和活动规则的心理需要。

二、创设室内与户外环境

（一）室内环境创设

室内环境创设应关注：

第一，室内空调、采光的设备是否完善，不致影响幼儿身心发展。

第二，全园是否有一个大空间（阳光房、多功能厅），足够容纳幼儿进行团体活动。

第三，桌椅、鞋柜、储物柜等幼儿日常用品是否符合幼儿的身材、尺寸，并且具有易清洗、擦拭的特性。

第四，盥洗室的洗手台、马桶高度是否符合幼儿的身材；数量是否足够使用。

第四，是否具备五大教学区；各区是否提供了适量、适龄的教具和教材；其间隔和路线是否明确、顺畅。

第五，各区所陈列的教具，幼儿是否随手可取拿并知道如何归位。

（二）户外环境创设

户外环境创设应关注：

第一，每位幼儿是否有不小于 2 平方米的户外活动空间。

第二，是否有半开放、户外的活动区，以利于雨天的教学活动；日照区和阴影区是否均衡。

第三，户外是否有玩沙、玩水和供幼儿栽种的区域。

第四，户外活动区的规划是否便于教师监督。

第二节　应遵循的原则

幼儿园环境创设的根本目的，是要为幼儿提供良好的生活与学习环境，引发幼儿符合教育目的要求的行为，为幼儿的身心健康和全面和谐发展创造良好的条件。为了达到这一目的，幼儿园管理者和教师在创设环境时应遵循以下基本原则：

一、适宜性原则

环境应该适合幼儿的年龄水平。非常小的幼儿与大一点的幼儿的需要是不一样的，如：小班幼儿喜欢玩平行游戏（即幼儿各玩各的，彼此玩的游戏相同），提供的玩具就应该同品种的数量多一点，如果室内外空间不是太大或者没有太多的设备，小班的幼儿会感到更安全，中大班幼儿象征性游戏水平较高，提供的玩具材料可以是一物多用的。另外，中大班幼儿需要充足的空间，以满足其丰富的活动，他们需要有空间骑车、攀登等。

如果是混龄班，问题就复杂一点，环境必须既给大幼儿提供挑战，又能保护最小的幼儿的安全。在这种班级中，设备设施应是可变的和可移动的，而不是固定在一个地方，如在户外，使用可移动的障碍物，可以让一些幼儿积极的活动，同时也能保护小一点的幼儿，像盒子、板子、轮胎和内胎这样的设备可以适用于各种混龄班。

一个适宜的环境，不仅是为幼儿提供"量身打造"的物质环境，还应是能让幼儿自由活动的精神环境。向幼儿提供自由活动的场所，有助于他们从事自我训练，并寻求自我发展，它是使一个人成其为人的重要条件，是形成一个人独特而复杂个性的重要因素。

二、安全性原则

幼儿园环境的创设首先要突出安全性，管理者和教师必须时刻顾及幼儿的身心两方面：一是心理安全，这意味着幼儿能深切地感受到教师是很关心和爱护他们的，幼儿能在幼儿园得到大家的尊重，在和谐、平等的心理环境中感到像在自己家里一样温暖；二是身体的安全，幼儿园环境不能有污染，不能使用含有毒物质、有放射线或释放有毒气体的装饰材料和物品，确保材料、工具、物品、设施等安排的合理性和使用的安全性。特别是在有幼儿参与的活动中，教师要细心安排，耐心指导，严格监督，把好每一关，随时把安全放在首位，落到实处。比如环境创设中不要使用不达标或质检不合格的装饰材料；严禁使用含有害物质或释放有害气味的化学材料制作教、玩具和装饰物等，不要让幼儿单独接触和使用具有潜在危险的工具、物品等；水、火、电、煤气等有关设备器材的安装保管都要严格遵守和执行有关安全规定；应将急救工具和安全设备放置在合适的地方；摆放物品的架子要放稳，不能太高，让幼儿能取得到东西，架子又不会倒下压到幼儿；一些易碎或玻璃制品不可当挂饰或吊饰；活动材料无锐边利角；大型的玩具设施如转盘、蹦床等要定期检修，破损的地方要及时修补，确保幼儿在活动过程中不会因为器材的不安全而出现意外。另外，还要关注安排的场地空间是否狭小、拥挤，活动时幼儿是否会相互干扰。

第三节　光环境与活动区域的创设及管理

一、幼儿成长健康的光环境要素

（一）充足的自然光照度

幼儿眼睛正处于发育的敏感阶段，幼儿园中极高或极低照度的光环境都会引发幼儿眼部疲劳或伤害。在过高的照度环境下，幼儿的大脑中枢神经系统将会受到干扰，幼儿视力将无法正常发育；在光照不足的昏暗光环境中，幼儿视觉的分辨能力差，难以分辨较小字体和物体的细节，此时为了看清字或细节，幼儿只能收紧眼睛的晶状体肌肉，久而久之眼睛会疲劳受损，甚至患上近视。如果室内的照度水平较高，适合幼儿，则幼儿视觉分辨能力提升，辨别图像、字迹变得容易，眼睛也不易疲劳，心情也变得放松。此外，照度也会对幼儿的心理产生影响，在过高的照度空间中会让幼儿产生强烈的不自然感和不安感，而过于昏暗的空间环境会让幼儿产生孤寂、冷清的感觉。

照度对幼儿动手能力也会产生影响。通过测定三种不同照度水平下，不同年龄段幼儿在 3 分钟内所挑选出绿色小球的实验，结果显示，光照度会影响幼儿的操作技能。照度值介于 200 ~ 619lx 之间时幼儿挑选小球量最多，说明这一照度区间是提升幼儿动手操作水平的最适宜照度，如果照度值太高或太低都会影响挑选效果。因此，幼儿在学习、活动的时候，建议将照度区间控制在 100 ~ 1000lx 之间，这样会对幼儿身心健康的全面发展有益。

幼儿园房屋建筑规范中提到幼儿常逗留的房间中每天接受自然光照的时间要大于三小时。特别是在缺少自然光的场地中，更应该尽量减少其他建筑物对幼儿园建筑自然光的遮挡，或采取其他补救方式，比如加强建筑物对自然光线的反射，削减窗间墙的宽度，增加采光面积。此外，由于太阳光的位置、辐射等在每天不同时间、每年不同季节里都是不断变化的，所以时间维度的考虑在幼儿园光环境设计中是十分必要的。

（二）柔和均匀的光线

建筑中参考平面上采光系数最小值与平均值之比被称为采光均匀度，在室内自然光的评价标准中，采光均匀度是非常重要的一项指标，一定程度上代表着室内采光质量的优劣，随着采光均匀度的上升，室内自然光给人的舒适感会提升。采光均匀度过低的空间会损害幼儿视觉系统，同时对幼儿造成心理负面影响。侧窗采光的幼儿园占多数，光线入射方向固定在班级单元的单侧，在整个教室中不同区域的照度值变化会比较大，难以达到均匀的采光效果。在侧窗采光的建筑中，采光均匀度是需要被重点考虑的一项指标。

在幼儿日常所处的活动环境中，如果有照度差异很大的表面，会让幼儿产生视觉疲劳。照度均匀度数值接近 1 时说明照度很均匀，反之则说明室内照度不均匀，容易产生视觉疲劳。在我国《建筑采光设计标准》中规定顶部采光时，教室照度均匀度应该大于 0.7。经济发达的国家则建议采光均匀度数值不低于 0.8。此外，对建筑中同一房间不同区域及不同房间的照度差值均有规定，同房间中工作区与非工作区的平均照度比不应高于 3:1，一般相邻房间的平均照度差异不应大于五倍。

采光均匀度差是导致幼儿患近视的重要原因之一，幼儿园班级中照度的剧烈变化、强烈反差会加剧幼儿视疲劳。幼儿与成人相比对光环境的适应性更弱一些，因此幼儿园室内的采光均匀度应满足幼儿的需求。幼儿园活动室中可以通过设置天窗的方式来削弱侧窗采光带来的采光均匀度差的问题，尽量缩小室内照度的差异。均匀柔和的光线分布可以放松幼儿心情，使他们集中注意力。

（三）避免室内眩光

眩光是光污染的一种，产生的原因主要是光源亮度过高，或视野中心亮度与背景亮度差距太大。眩光的出现会导致幼儿观看目标的能力下降，或者产生严重的视觉不舒适感。当眩光过于强烈，导致幼儿的眼睛无法适应时，就会让幼儿眼部感到不适，甚至丧失明视度。在幼儿园设计中应该尽量对眩光这种有害因素进行控制或避免。

在采光质量需求比较高的场所，窗的不舒适眩光指数不应高于有关规定的数值。不舒适眩光指数是基于自然采光眩光的预测公式来评价建筑采光的眩光情况的。不舒适眩光指数在国外建筑采光眩光评价指标中使用比较多，它比较适合的光源类型是窗户之类的大面积天然光。教育建筑中房间内各壁面的反射比将会在很大程度上影响室内采光情况，为了创造一个自然采光质量优良，无眩光污染的室内光环境，幼儿园班级各个壁面的亮度应尽量接近，尤其是相邻的壁面亮度差异不能过大。

眩光污染按其对幼儿身心健康的影响程度可分两类：第一类是不舒适眩光，它是指出现在幼儿视野内，让幼儿眼睛感觉不适的眩光，这种眩光又称为心理眩光，它不一定会降低照射对象的视觉可见度；第二类是失能眩光，这种眩光会降低幼儿的视觉功能，使可见度降低，幼儿需要努力调节眼睛才能逐渐看清目标。

眩光对幼儿的影响主要表现在生理与心理两方面。在生理健康方面，眩光的出现会对幼儿视力造成伤害。幼儿对不利环境的抵抗力远低于成人，成人能够承受的光幼儿也许并不能承受，幼儿的视力还处在发育中，长时间在强光下学习玩耍会增加幼儿视力下降甚至失明的风险，同时会打乱幼儿的生物钟。此外，眩光的存在会让幼儿频繁地进行明暗适应，其中明适应可能会造成幼儿视网膜的损伤。而眩光产生的残像会减弱暗适应能力，让幼儿感觉用眼疲劳。在心理健康方面，眩光越强烈，幼儿所感受到的光环境舒适度越差，这会严重影响他们的情绪。眩光使眼球瞳孔缩小，降低视觉灵敏度，让幼儿感到刺激压迫，长时间在这种环境下生活幼儿会易怒、急躁不安，大面积的阴影也会让幼儿产生负面联想。

（四）多样化光色

光源的颜色称之为光色，光源可以是自然光或人工光。国际照明委员会标准表色体系中提出，将三种单色光进行叠加能合成出任何人眼可以感觉到的光色。将两种以上光色的光融合在一起形成新的光效被称为混光，混光经常在光环境营造中使用。不同的光色可以让幼儿产生不同的感受，包括快乐、孤寂、寒冷、暖和、抑郁、开朗等。

暖色系色光（黄、橙、红色）能促进幼儿的社会参与性与身体活跃性。冷色系色光（蓝、绿色）能让幼儿感觉放松心情，让头脑平静专注。蓝色光对维持幼儿注意力有重要作用，粉色光可以让幼儿感受空间环境的温馨。

选择不同的光色会形成幼儿园中不同的光环境氛围。一般来说，色温较低的暖色光具有黄昏的感觉，能给活动室增添亲切、轻松的气氛，让幼儿可以放松心情，符合他们的情感需求；色温较高的冷色光会给室内提供比较高的照度，烘托紧张、活跃的气氛，提升幼儿的学习效率。在白色光中，3000K 的偏暖白光会让幼儿安静放松，4000K ~ 6000K 的偏冷白光会让幼儿保持头脑清醒。研究表明，学生在 4000K ~ 4500K 的色温环境下阅读，发生读错、看错的概率最低。幼儿对温度的感知与所处光环境色彩的冷暖有关。在冷色调的房间中，室温 15℃时幼儿就会感觉到冷，在暖色调的房间中，室温下降到 11 ~ 12℃时幼儿才会感受到凉意。

彩色光的引入方式对幼儿成长健康也有影响。当彩色光局部、短时间应用于幼儿园中，幼儿会提升注意力，当彩色光大面积、长时间应用于幼儿园中，幼儿的视力将不能正常发育，还会产生易怒、坐立不安等负面情绪。此外，闪烁跳跃的彩色光会造成幼儿心情急躁、视力受损。因此在实际设计中，建议将有色光进行温和的局部点缀。

二、自然光对幼儿成长健康的影响

自然光环境对幼儿身心发展及成长健康的重要作用被广泛关注。幼儿对物理环境非常敏感，尤其是光环境。光对幼儿成长健康的作用方面包括生物效应、视觉效应和情感效应，作用于幼儿的视力、身心健康、认知能力、社交行为、生物钟等。自然光是对幼儿影响最深刻的一种光，相比人工光环境，幼儿更适合在自然光环境中活动、成长。因此，我们需要对不同维度的光进行整合，为幼儿营造一个健康的自然光环境。

（一）自然光对幼儿身体健康的影响

光照可以分为自然光与人工光两类。人长期生活在自然光下，所以对自然光是最适应的。太阳光对于促进幼儿的成长发育有很大作用，幼儿生活环境中的大部分细菌可以被自然光中的紫外线杀死，常接触自然光可以使幼儿养成健康的体魄。同时，幼儿身体中的化学反应也会被自然光影响。实验显示，自然光的不同颜色和强度会影响幼儿的脉搏、血压、呼吸速度、大脑活动、腺体活动、新陈代谢以及生理节律等。幼儿皮肤中所含有的脱氧胆固醇可被紫外线转化成维生素 D，这对维持幼儿骨骼结构、促进幼儿骨骼生长具有积极作用。日照时间不足会令幼儿体内缺少维生素 D，身体免疫系统减弱，骨骼和牙齿脱碳，压力增加且易产生疲劳，幼儿拥有充足的自然光照射还可避免患佝偻病。

幼儿在日常生活中缺少自然光照射会有患季节性情感混乱的风险，它的常见症状是注意力不集中、情绪不稳定以及对于疾病的抵抗力降低。全天处于没有窗户的教室中的幼儿也会被发现产生类似的症状，他们坐立不安和易怒的情况比较严重。相比之下，在拥有足量自然光的教室中的幼儿注意力更能集中。

光信号经由神经纤维传递给视觉皮层和其他脑部位，人的眼睛将接收到的光照信息传至松果体，实现对褪黑素分泌的控制，影响脑下垂体、肾上腺、甲状腺，并对昼夜节律、新陈代谢等产生影响。医学研究表明，自然光中的短波长蓝光可以促进眼球发育，幼儿近视眼的病理基础之一是眼睫状肌调节功能紊乱，这是由于幼儿全身自主神经功能错乱导致的，主要表现是睡眠不足和节律紊乱等。

光环境还会影响幼儿的荷尔蒙，进而对其生物钟有驱动作用。处于自然光环境中的幼儿身体生物钟与地球二十四小时的昼夜轮换周期同步。如果生物钟紊乱，幼儿将会出现不规律的睡眠和苏醒，使他们的褪黑素浓度、皮质醇激素浓度以及体温产生较大的波动。

褪黑素是松果体所产生的激素之一，具有白天分泌少，晚上分泌多的周期性特点。且它的分泌与人的年龄存在负相关关系，年龄越大褪黑素分泌越少，因此褪黑素是幼儿激素中比较重要的一项。每天能够照射足够的自然光可以让幼儿形成健康的昼夜节律，并改善其睡眠情况。现今幼儿的主要活动区域是在幼儿园室内，过多的人造光模糊了他们的夜晚与白天，因此需要给幼儿足够的自然光照射环境来保证他们的身心健康。

此外，过多的光照也会对幼儿的身体产生负面影响。过多的紫外线会损伤幼儿的身体组织，自然光中的 UVA、UVB 是造成皮肤受伤的主要波段，受到紫外线伤害会让幼儿的皮肤弹性组织变性、皮肤变硬、皮肤毛细血管扩张等。此外，经过研究发现，长时间高强度的光照有导致幼儿性早熟的风险。性早熟指的是男孩在不到九岁时出现第二性征，女孩在不到八岁时出现第二性征。性早熟是一种内分泌疾病，在幼儿群体中比较常见，过多的光线与照明是导致幼儿青春期提前的重要原因之一。如果幼儿接收太多光线，松果体褪黑素分泌将会减少，对性发育的抑制作用降低，最终导致性早熟。

（二）自然光对幼儿视力发育的影响

眼睛的生长具有阶段性，是人类发育最快的器官。幼儿从出生开始就能感受光的存在，并拥有了视力，从出生至三岁，眼睛的结构发育已经基本完成，三至六岁主要是眼功能的发育阶段，六至八岁眼结构继续发育，这时幼儿的眼睛比较敏感，八至十八岁眼结构与功能逐步趋于稳定。英国相关研究指出，若要幼儿视力健康发育，需要让他们的眼睛多接触自然光，若长时间学习知识而没有充足的光照，幼儿近视的风险就会提高。对于幼儿来说，与人工光源相比，在自然光环境中观察物体不容易产生眼疲劳，有助于松弛幼儿的视力。幼儿的晶状体透射率相比成人更高，这就说明幼儿更容易受到有害光的危害。因此，为了降低幼儿眼部疾病的发病率、保证幼儿的视力健康发育，幼儿园中光环境设计的意义和价值应被重视。

自然光光源是全光谱的，幼儿眼球的发育与健康离不开自然光中的短波长蓝光。中山大学的康南教授提出，自然光能刺激视网膜的多巴胺分泌，降低眼球调节负荷，从而达到降低幼儿近视风险的目的。医学上也多次认证多巴胺有利于眼球的发育。

随着社会的发展，越来越多的人在室内工作活动，幼儿所处的光环境也发生了变化，人们越发依赖人工照明，在幼儿园中，幼儿接受人工照明的时间也有明显增加。通过动物研究发现，人工照明的使用与近视的发生有一定联系，通过对同种族的人抽样调查后也得出经常在人工照明环境中工作的人患近视的概率更高。自然光是波长 200nm ~ 760nm 的连续光谱光源，而幼儿园中使用较多的人工光源日光灯是非连续光谱光源，且因其频闪的特性更加容易诱发幼儿近视。

最近近视的发病在青少年中有向低龄化转移的趋势，许多幼儿园中的幼儿也戴眼镜了。幼儿视力较成人更加脆弱，一旦有强光或有害光出现在他们的视野中，会伤害他们的视觉系统，造成视网膜细胞损坏，出现不可逆的损伤，降低视力，甚至致盲，若近视程度比较严重，高度的近视还会引发并发症。国家和家长们对幼儿的视力是非常重视的，幼儿是社会的未来，为幼儿提供一个舒适健康的视觉环境是重中之重，需要每个建筑师密切关注。

（三）自然光对幼儿心理健康的影响

人工照明虽然可以满足幼儿对光照明亮度的需要，但是无法达到他们对光感的心理需求。光环境对幼儿的成长过程有重要影响，幼儿需要不断变化的光线来让眼睛和心情放松，其成长发育需要在欢快、明亮的环境中。研究表明，适量的自然光照对幼儿心理健康发展有利，有助于培养其积极向上的性格。缺少自然光、光照不足、存在光污染等情况会令幼儿易怒、意志消沉、无法集中注意力以及容易感到疲惫。同时，光线过量也会让幼儿产生抵触情绪，造成心理上的紧张感。

光照情况会影响幼儿心理活动，使其情绪产生变化。在明亮的环境中幼儿会感觉心情愉快、开朗、精神振奋。充足的自然光可以舒缓幼儿压力，缓解大脑疲劳，阳光通过视神经传递进入大脑，这时血清素水平提升，可以为幼儿带来满足感，心情也会随之改善；若没有足够的自然光照射，幼儿则会感到心情抑郁、沮丧。此外，自然光照不足会导致幼儿患上季节性情感混乱，使幼儿情绪不稳定、无法集中注意力、心情压抑。

自然光会提升幼儿的活动力。幼儿喜欢自然光在幼儿园中形成的反射光、影子以及光斑，这些活跃的光效可以引起幼儿的注意，激发幼儿学习、主动探求的积极性。同时，自然光可以促进氢化可的松分泌，氢化可的松白天分泌多，晚上分泌少，当氢化可的松分泌量较多的时候幼儿会表现出善于交际的特点，提升幼儿的社会参与性。

不少对于自然光与幼儿心理特征的研究发现，自然光照度与幼儿的攻击性呈负相关关系。当患有轻微季节性情绪障碍的幼儿处于照度较高的自然光环境中时，他们会更加愿意参与社交活动，且心态比较平和，吵架或暴力行为的出现随之减少。同时，在自然光充足的环境中幼儿的自私行为减少，会更加乐于帮助别人。幼儿的这种心理特征可能是由于自然光照会促进幼儿产生积极情绪，使幼儿之间更加友好、亲密。也有研究发现，在昏暗的光环境中幼儿会产生求助心理，更倾向于与同伴合作。

为了避免给幼儿的心理造成负担，需要在幼儿园中为幼儿创造一个美好的自然光环境，避免出现过多阴影、眩光、光线过于刺激等情况，帮助幼儿在健康的环境下开展日常学习生活。在幼儿园光环境营造过程中，应合理设计自然采光，尽量避免出现损害幼儿心理健康的光线，培养幼儿形成开朗向上的性格。

三、幼儿园自然光环境的设计策略

（一）保证充足光照，驱动幼儿生物节律

自然光与幼儿生物节律调控有重要联系。为了驱动幼儿生物节律，保证幼儿身体健康，一天中充足的自然光照是十分重要的。目前在幼儿园建筑中，各个班级单元中部分区域照度不足，不能起到保证幼儿生物钟正常运作的作用，对幼儿成长发育造成了一定的负面影响。因此，将活动室内各个位置的自然光照度控制在适合幼儿学习生活的照度区间内显得尤为重要，是目前幼儿园室内光环境控制的重要部分。

1.增加东南朝向优质采光

不同的朝向对室内自然光照度的影响很大。由于我国位于北半球，且大部分处于北回归线以北，从采光及室内获得的自然光照度来说，幼儿园南向的立面总能够获得较多直射的自然光，使得南向的房间获得的照度也较高。幼儿在活动室中经常受到自然

光的照射可以培养健康的体魄，感受日出日落的变化，使幼儿自身的生物钟与自然光照同步。此外，适量的紫外线照射可以增强幼儿维生素 D 的生成，对幼儿骨骼生长起着重要的作用，同时还能预防佝偻病。

以北京地区为例，为了获得不同朝向室内自然光照度的具体数据与可视化结果，需要对幼儿园建筑中的班级单元进行八个朝向的自然采光照度模拟，分别为东、南、西、北、东南、西南、东北、西北朝向，测试时间选取比较有代表性的冬至日的中午 12 点。

由于太阳的位置不是一成不变的，且幼儿园建筑受诸多场地因素影响也不能保证完全朝向正南方向，一天中太阳的直射光会来自正南、东南、西南三种方向。因此，对自然光除照度之外的特性的研究也很重要，可以帮助幼儿园在光环境设计时选择更加适合幼儿成长健康、贴近幼儿生物节律维护的自然光。

除了照度数值，各个时间段的自然光的光学特征也是不同的，日出后 40 分钟色温约 3000K；正午阳光雪白，上升至 4800K ~ 5800K，阴天正午时分则约 6500K；日落前光色偏红，色温又降至约 2200K。上午的自然光从东边射来，色温较黄昏时偏冷，利于集中注意力，更适合幼儿学习，同时，可以增强幼儿对三维物体的识别能力，增强多任务处理能力，这正与幼儿一天的时间表相吻合。东南向太阳光是一天中最为优质的光照，幼儿上午在室内进行学习知识的活动，应该利用好东南向自然光，尽可能地让幼儿获得高质量的清晨日光与上午日光。

此外，早上大气温度较低，东边射来的自然光带着清新凉爽的空气，非常适宜幼儿生长发育，让幼儿在上午充满活力，打起精神迎接新的一天。而下午经过太阳一天的照射，大气温度很高，太阳从西面晒过来，给人燥热的感觉，因此幼儿园建筑应适当避免西晒。

因此，综合照度值与自然光质量考虑，东、南方向是采光面的最佳选择（以北半球为例）。当不能满足所有房间都拥有最佳朝向的时候，应以幼儿生活空间为主导，将幼儿活动室安排在东、南方向，最大化满足幼儿对自然光的需求，使幼儿获得全天优质自然光照，为幼儿的成长、健康提供更多帮助，这对幼儿生物钟的正常运转也起着决定性的作用。

2.通过体量退进增大反光面积

在实际场地中，幼儿园建筑可能遭受诸多制约因素影响而不能获得最佳朝向，或被其他建筑物遮挡。若幼儿园受基地条件制约，没有充足的东、南向采光面，可以考虑通过体量逐层退进的方式获得尽可能多的自然光。退进的体量为下层班级单元提供了额外的屋面，可在这部分屋面进行天窗采光；同时，这部分屋面也成为上层班级单元的室外露台，为幼儿提供额外的室外活动场地，这对幼儿健康成长是十分必要的，此外，露台作为自然光绝佳的反射面，也可以将一定量的自然光引入上层班级单元中，让幼儿在室内活动空间也能感受到更多自然光带来的乐趣。

反射性的外表面可以增加采光口的太阳辐射入射量，退台所形成的屋面露台可作为太阳光的反射体，将自然光经过反射照入室内，再经室内顶面或墙面的反射和散射将光均匀散布在室内工作面上。因此，除了正常射入室内的自然光之外，退台的班级单元活动室将会获得额外的一部分反射光。如果将退台所形成的反射面材质进粗糙处理，对太阳光的反射作用将会更偏向于扩散反射，引入室内的光线也不会是刺目的镜面反射光，而是以幼儿更加偏爱的漫反射光的形式进入活动室中，再经过室内若干壁面的反射，营造柔和、均匀的光环境，使室内自然光更加充足的同时，光效也有所提升。

提供更多自然光反射壁面，可以使室内采光在一定程度上更加充足。接收足够量的自然光对于幼儿形成健康的昼夜节律非常重要，自然光可以改善幼儿的睡眠状况，幼儿节律紊乱、睡眠不足会导致全身自主神经功能紊乱，进而引起眼睫状肌调节功能下降，是令幼儿患近视的病理基础之一。除此之外，由于城市内建筑用地紧张，越来越多的幼儿园不能给幼儿提供充足的室外活动场地。退台的手法在提升幼儿园室内自然光摄入量的同时，也为每一个班级单元提供了固定的、独享的室外活动空间，这对幼儿的成长发育和身体健康都有很大的帮助。

3.通过装饰设计增加室内照度

幼儿园班级单元的装修装饰风格对室内的自然光环境也有一定的影响。室内的各个壁面对自然光有反射与透射的作用，可以从这两个光的传播途径入手，提高班级单元中自然光的充足度。不透明的壁面在对自然光进行反射时，根据其材质不同，反射比与反射方式均有不同，会在班级单元中形成不同的光效。一般来说，浅色壁面的反射比较大，在相同的入射条件下，浅色装饰风格的活动室中将有更多的自然光被反射利用，使室内照度更高一些。将室内墙面、天花板、地板、家具等做成浅色系，会大大增加室内各壁面对自然光的反射，提高室内自然光照度，同时通过控制壁面的材质、做工、粗糙程度等，可以形成漫反射、定向反射。透明壁面对自然光主要有透射作用，如窗洞口的玻璃、室内隔断玻璃等，玻璃因制作方式不同，有不同的透射比，对自然光也有不同程度的筛选。在班级单元中，幼儿主要的活动场地是活动室，为了给幼儿活动室优先提供自然光照射，一般将其布置在靠窗一侧，而卫生间和衣帽储藏等辅助用房一般布置在进深深侧，无直接自然采光，如果能将班级单元中的非透明隔断墙体适当换成透明壁面，例如玻璃等，可以增加无直接采光房间的自然光照度情况。

（1）自然光反射。当射入的自然光亮度和条件相同时，室内采用浅色系装饰风格可以整体提升班级活动室中的自然光照水平。因此，浅色系装饰风格更利于保证充足的室内自然采光。在实际幼儿园班级单元的设计中，可以根据幼儿实际的需求对室内装饰材料进行选择，在使用浅色装饰风格的原则下，使用更加活泼的装饰方式，同时可以探索更多装饰材料。木材能够给人传达一种温暖的感觉，且其本身的颜色和纹理多样，当自然光照射到木材的表面，会形成各种柔和、有光泽的效果，使室内环境变得温暖、致密、有表现力。因此可以选择浅色的木材料或木纹装饰，在给班级单元提供充足照度的同时，营造一个幼儿喜欢的柔和的自然光环境。

（2）自然光透射。采用透明隔墙的幼儿园班级单元的采光系数平均值、最小值、最大值都高于采用不透明隔墙，但超过3%的自然采光区域占比却略有减少。从可视化图形中可以看出，由于将不透明隔墙换成透射较强的玻璃材质，活动室靠近辅助用房的一侧原本不透明隔墙产生的反射光减少了，使得在提升辅助用房采光的同时，降低了活动室深处的采光，因此需要平衡好两者。这个问题的解决方法是可以将辅助用房隔墙接近地面的部分用不透明的矮墙代替，补充一部分反射光。这样在满足辅助用房补充自然光的条件下，也能顾及活动室室内深处采光重灾区的自然光照度问题。

通过对室内壁面的反射和透射情况的模拟可以看出，浅色系装饰风格以及适当采用透明材质代替传统不透明隔墙的方式可以使幼儿园班级单元中活动室以及辅助用房的自然光更加充足，因此通过调整室内材质的反射比、透射比来对室内自然光进行调控是一项很好的措施。此外，对于幼儿园建筑来说，浅色的装饰风格会使活动空间更加活泼、明亮，利于培养幼儿积极向上的精神，利于幼儿茁壮成长。同时，将卫生间和衣帽间的隔墙处理为透明材质，在增加照度的同时，也方便教师时刻监护幼儿的各项行为，避免发生危险。通过对幼儿园班级单元中各个区域装饰设计的调节，能够获得更加充足的自然光照，使幼儿全天在班级单元中感受日光的变化，驱动生物节律，保障身体健康。

（二）避免眩光干扰，削弱幼儿眼部刺激

为了保证幼儿的视力健康，幼儿园班级单元中的自然采光质量需要得到保证。在现有幼儿园中，普遍存在的采光质量问题是眩光干扰，眩光的存在对幼儿脆弱的眼部有剧烈刺激作用。因此，为了促进幼儿视力正常发育，不受影响，减少或优化眩光是十分必要的。

眩光分为直射眩光与反射眩光，直射眩光是由光源直接发出，包括直射的强烈日光或灯具光源，反射眩光是光源经由壁面反射后，产生刺眼的反射光。在幼儿园活动室中，需要通过相应手段对这两类眩光进行削弱，然而，削弱眩光的同时也会降低室内的亮度，因此对眩光合理地进行利用也是十分重要的。

1.通过窗口格栅平衡冬夏日光

为了提高室内采光质量，可在窗口上安装采光构造设施。幼儿在活动室内学习或玩耍时一般会看向桌面，目光向下，而日光由窗口射入室内，直射桌面或地面，正好是幼儿日常视线聚集的位置，极强的亮度与室内光环境产生强烈对比，形成眩光，刺激幼儿眼睛，损害视力健康。因此，对直射日光的筛选在幼儿活动室采光设计中十分重要，应通过合理的设计避免幼儿眼部视网膜细胞受到破坏，防止视力出现不可逆的损伤。

不同季节幼儿园对光照的要求不尽相同，夏季炎热，过于强烈的太阳光直接经由窗洞口射入室内，会导致室内温度过高和强烈的眩光。然而完全遮挡自然光会导致室内整体照度不足，昏暗的环境令幼儿为了看清物体，眼睛一直处于紧张状态，这也是不利于幼儿视力发育的。冬季太阳处于远日点，太阳辐射不像夏天那样强烈，活动室内应尽量多射入自然光，以保证室内温度及照度，因此需要考虑能够对直射阳光进行筛选的窗口构造措施，以获得全年优质的自然光环境。

由于太阳在一年中、一天中的高度角都是在不断变化的，根据这个规律，尽量过滤掉夏季正午火辣的阳光，保留夏季清晨、夏季黄昏和冬季的柔和日光，可以通过在采光门窗洞口处设置构造措施来达到这一效果。由于幼儿园班级单元在设计时为了幼儿能够更多地接触自然，其中一部分设置了阳台，因此幼儿园侧墙自然采光洞口就包括窗和门两种。

窗口自然光筛选构造措施以格栅做法为主。以冬至、夏至的太阳高度角数值为界限设计窗口遮光板格栅间距及宽度，以完成对冬夏季自然直射光的筛选，使得夏季太阳高度角较高的自然光线落在隔板上，而冬季太阳高度角较低的自然光线大部分刚好可以穿过隔板构造，进入室内。这个方法可以在夏季正午左右时段将近窗处高辐射量的热辣自然光遮挡，同时保留一年中比较温和时段的自然光进入室内，对解决幼儿园活动室直射眩光的问题有很大帮助。

门的措施主要以雨棚格栅为主。由于通往阳台的门还要进出，无法设置遮光板，因此可以通过对雨棚的格栅进行设计来帮助筛选日光，与窗口格栅的设置原理相同，通过出挑足够长度的雨棚及其适宜的格栅角度，使得夏季太阳高度角较高的自然光线落在隔板上，而冬季太阳高度角较低的自然光线大部分刚好可以穿过隔板构造，进入室内。这个方法对太阳光的筛选作用可能略逊色于窗口格栅，但在保证门通行作用的同时，可以对太阳光进行一定的遮挡与筛选作用。而且将"格栅"加入雨棚构造中，也是一举两得，遮风挡雨的同时筛选日光，对幼儿园设计来说是比较合适的。

夏季窗格栅对活动室近窗处的直射光有很强的遮挡作用，对降低近窗处直射产生的极高照度有很大的改善作用；冬季窗格栅则使得部分日光进入活动室中，补充其进深方向深处的自然光照度。门格栅尺度及范围较小，作用也较窗格栅更弱一些，但在夏季可视化图中依然可以看出它对近门处的强烈直射光有一定的削弱作用。在 DGP 数据方面可以看出，无论冬夏，采用了构造措施的方案其 DGP 数据都比未使用构造措施的方案有所降低，大约降低 1%～5%。此外，若想进一步达到对冬夏季直射自然光的筛选作用，可以加入可调节的构造措施，例如格栅角度可调节或格栅透明度可调节，这样将会更加有针对性地获得冬夏季优质日光。

2.通过反光构件合理利用眩光

为了避免近窗处直射日光产生眩光的问题，可以在侧窗上部设置反光系统，如遮光板、导光百叶等。但过度遮光可能会反而导致室内照度不足，因此，可以在遮光板上部开高侧窗，让自然光通过遮光板的反射作用经由高侧窗进入室内。遮光板有两个主要作用：一是可以阻止过多的光线进入靠近外墙的地方，防止幼儿直视高亮度的直射自然光；二是通过对其顶部材质的控制，可以达到反光的作用，将光线反射到建筑物的深处，补充自然光，提高室内整体光照的均匀度。

遮光板的存在使得活动室中的自然光照度被重新分配，将本应落在近窗处的自然光被引入活动室深处，对班级单元中不同空间的自然光照环境都有优化作用，顾及分组活动时，教室边角位置幼儿的视觉感受。此外，遮光板在降低近窗处眩光风险的同时，也提升了活动室深处照度，缩小了活动室深处亮度与窗外亮度的差距，降低了活动室深处幼儿视角的眩光风险。

反光板有三种设置方式：全在室外、全在室内、室内外都有。通过对自然光线的分析，设置全在室外、全在室内两种反光板还是会有较多刺眼的直射光线落在室内，而室内外均有的反光板更能遮挡直射光线，同时也能柔化反射更多光线。

对室外部分的遮阳板可以采取一些变化的手段来控制反光情况，以适应全年时间内不同的太阳情况。其一，可以将室外部分做成可折叠伸缩的反光板，通过调整出挑的长度来控制对直射太阳光的筛选；其二，通过对反光板的透明度的调整，可以控制透射与反射的比例，调节室内自然光环境，达到最佳水平。

第四节　幼儿园公共环境涂鸦艺术设计

一、幼儿园公共环境涂鸦艺术的设计要素

（一）选取适宜造型

涂鸦艺术的造型具有很强的随意性特征，并没有一成不变的造型，也没有一模一样的造型。造型的运用完全取决于设计对象的需求和设计对象所处的环境要求，对于幼儿园来说，受幼儿的年龄和认知能力限制，并不是所有的造型都适用于幼儿园。从涂鸦艺术的运用实践可以看出，涂鸦艺术的主要要素包括涂鸦艺术字体、涂鸦艺术图形、涂鸦艺术颜色以及涂鸦艺术比例的呈现，这些要素的不同搭配和组合，构成了不同的涂鸦艺术画面。把涂鸦艺术运用于幼儿园公共环境空间设计，理论上这些造型要素都可以使用，问题是需要找到适合于幼儿园环境的造型要素，这就需要充分考虑幼儿的心理发育状态，以及幼儿的主观审美偏好。

运用涂鸦艺术进行幼儿园公共空间环境设计需要以绘画颜料为笔，以木板、雕塑、墙体等为载体，充分运用涂鸦艺术特有的动感元素，塑造出相对静态的、可视的空间形象，用形象艺术装扮幼儿园的公共艺术空间。涂鸦的造型选取需要注重两个要素：一是注重线造型，线条是绘画的重要手段，早期的涂鸦艺术创作都是通过线条来表现的。涂鸦艺术讲究简洁、明快，这本身就符合幼儿绘画的直观、质朴、简明的特点，符合幼儿尤其是幼儿园幼儿的特点。二是注重平面造型，平面造型适宜较大面积的主题性涂鸦，在渲染较大公共空间时具有明显的优势。平面造型中，对于幼儿园儿童来说主要需要把控好的是图案的内容和表达形式的选择，造型要素的内容主要选择贴近自然的或者为充满想象的

童话故事内容，要素表达上尽量简化造型语言，突出形象特征。

（二）环保颜料搭配选择

幼儿园运用环保颜料进行色彩组合，是实现设计效果的重要环节。在现代科技技术条件下，各种颜料的环保性不断提高，目前幼儿园使用的颜料都是环保颜料，原料的选择搭配要符合幼儿对颜色的感知特点。颜色是幼儿感知外部世界的催化剂，幼儿对颜色的感知是从感知大自然开始的，从植物发芽幼儿知道了什么是绿色；从丰收季节的颜色变化，幼儿知道了什么是金黄色。研究发现，3 岁以前的幼儿更喜欢暖色，4 岁幼儿对颜色的偏好顺序为紫、橙、红、绿、蓝、黄、灰，5 岁幼儿对颜色的偏好顺序为蓝、黄、绿、橙、红、灰，6 岁幼儿的偏好顺序为黄、绿、蓝、橙、紫、红、灰。由于小班、中班、大班的幼儿年龄相对应的正是这三个年龄阶段，因此环境颜料的搭配既要符合事物的自然规律，也要与幼儿的天性相结合，色调上活泼，明快、温暖，图案的色泽单纯，贴近自然，尽量做到颜料搭配组合能让幼儿产生共鸣。涂鸦艺术是色彩对比鲜明的艺术。需要注意的是在运用过程中颜料的搭配不能过度丰富，也就是说在一所幼儿园的公共环境设计上，应该避免使用多种颜色，避免颜色丰富过度给幼儿带来的认知干扰。

（三）择取安全材质要素

鉴于幼儿园的特殊性，涂鸦艺术运用于幼儿园公共环境设计需要充分考虑安全性，除了选择环保颜料之外，另一个需要保证安全性的重要方面就是材质的安全性。通常材质指的是一些涂鸦设计的载体，包括附加的界面、铺地、墙面贴纸以及空间内的设施小品等。材质在决定设计和装饰效果的同时，在很大程度上还决定着对环境所造成的影响，材质的不同对环境所造成的影响也不同。装饰所用的材料经过了从木头、泥土、陶瓷、石头到合成、天然的发展过程。在设计过程中，一定要对不同材质的装饰材料的用途、特点有较为清晰的把握，对适合用于幼儿园的材料有一个清晰的认知和甄选，不能为了达到艺术效果而牺牲材质的安全性。这里的安全性既包括材料本身的无毒无害，也包括材料质感对于幼儿的安全性。

此外，还需要充分考虑幼儿园的不同功能分区，不同的功能空间决定了需要采用适合其功能发挥的材料，不同材料的光泽度、色彩以及对环境的影响有所不同。对于教学区、多功能区和活动区，应当选择材质细腻的暖色调装饰物，活动区不能选择材质坚硬的材料，户外活动区应该多选择接近自然的颜色，多利用幼儿园原有的建筑、树木进行就地改造，达到既满足幼儿园和幼儿的使用功能，又满足适合幼儿特点的审美功能需要的设计效果，同时还可以很好地控制造价。

（四）拣选配套辅助工具

运用涂鸦艺术对幼儿园公共空间环境进行设计，除了考虑造型、材料、材质这些要素外，还要做好其他配套辅助工具的选择：一是光，二是游戏。光是公共空间设计中不可或缺的元素，但是却没有引起足够的重视。光有营造画面和场景的功能，在涂鸦艺术设计中巧妙运用自然光、人工光进行组织和配合，会对涂鸦艺术设计效果产生很大帮助。游戏不仅是幼儿喜欢的项目，也是涂鸦艺术运用于幼儿园设计必须考虑的内容。从幼儿的心理特点看，"涂鸦游戏"应该成为涂鸦艺术运用于幼儿园公共环境设计的一个重要形式，也就是说在运用涂鸦艺术对幼儿园公共环境进行设计时，不仅要考虑如何运用涂鸦艺术对幼儿园的室内室外环境进行改造，而且还要考虑如何开发适合于幼儿的"涂鸦游戏"，让"涂鸦游戏"成为吸引幼儿的重要工具，以增强幼儿的参与度，同时让公共空间的涂鸦艺术更符合幼儿的审美意识。

二、幼儿园公共环境涂鸦艺术的设计原则

（一）多元文化兼容的设计原则

可以设想，尽管都运用涂鸦艺术对幼儿园公共环境空间进行设计，但是设计出来的幼儿园不可能"千篇一律"，这是因为每一个幼儿园所处的地域环境、社区环境、人文历史背景不同，每一个幼儿园所展示出的文化特质必然会有以上这些因素的标签。东北的幼儿园由于季节、气候等因素的影响，幼儿的室内与室外活动时间就不同于南方的幼儿园，通常南方幼儿园的户外活动时间要比北方多一些，那么在运用涂鸦艺术对幼儿园公共环境空间进行设计时，就要对室外活动空间的环境营造投入更多一些。涂鸦艺术作为外来文化，它在幼儿园的具体设计应用必然要与本土文化相结合，汲取一些本土文化的元素，而不能照抄照搬国外的涂鸦艺术。总之，幼儿园公共环境设计必须体现多元文化兼容的设计原则，先选取适当的地域性文化和符合幼儿园需要的文化内容，再根据幼儿的年龄和心理接受程度，设计恰当的图案、形象、形态和色彩来表达选取好的文化内容，既不排斥国外文化也不忽视本土文化，形成多元文化兼容的设计原则。

（二）选择题材适当的设计原则

涂鸦艺术的题材范围十分广泛，对于幼儿园来说，涂鸦艺术的题材范围需要限制在适合于幼儿身心健康成长的题材内容，不适合幼儿身心健康成长的题材，一律应该排除在幼儿园公共空间

环境涂鸦艺术设计的选材范围之外。所有题材选择，都要有利于提供一个舒适安全、创造活跃思维、诱发运动兴趣和培养幼儿能力的环境，涂鸦艺术中彰显鲜明个性、自由奔放精神、草根文化中的质朴元素、增进幼儿园趣味性的题材，都可以运用到幼儿园公共空间环境设计之中。这就是说，对涂鸦艺术题材应该有所选择和取舍，要取其精华弃其糟粕。同样，在具体设计之中固然可以运用涂鸦艺术理念对幼儿园进行整体设计，但是运用何种涂鸦形象，运用到何种程度，要做到适中不能过多过滥。

（三）各项要素均衡的设计原则

运用涂鸦艺术对幼儿园公共空间进行设计，目的是拉近幼儿园与幼儿的生理和心理距离，增强幼儿园对幼儿的吸引力，为幼儿营造健康快乐成长的环境，而不是给幼儿园借机提高收费标准寻找借口。因而在运用涂鸦艺术对幼儿园公共空间环境进行设计时，需要在保证效果的同时控制好成本，在坚持环保安全的前提下，对材料、颜料、造型等方面的选择坚持低成本、低造价，不是使用的颜料、材料越高级越好，也不是所塑造的造型越大、越华丽越好，更不是花费的越贵越好。在装饰装修上追求的豪华、奢侈风气，在幼儿园公共空间设计时要尽量避免，同时要考虑设计各要素之间的平衡问题。在涂鸦设计时，应该考虑画面的整体美感，色彩的运用应明快并能产生一定的韵律，让幼儿感受到颜色的节奏变化，还要注意色彩的互补，产生颜色的互动关系和互补效应。

（四）加强幼儿参与度的设计原则

幼儿是幼儿园的主要使用人群，在涂鸦艺术对幼儿园公共环境空间进行设计的过程中，需要充分考虑幼儿在空间中的主体作用。在对幼儿园公共墙面区域和户外场地的规划与改造的过程中，可以通过让幼儿通过观察墙面上的文字、图案和装饰较强的饰品等，来研究幼儿的兴趣点，在设计时根据幼儿的反映进行调整，对公共区域，根据幼儿喜欢在角落说悄悄话、比较留恋洗手间、在上楼梯时边走边停留这些特点，创设户外活动区域、增加空间小品和游戏设施；在幼儿园各个角落放置水粉颜料、画笔等，让幼儿的想法尽可能表达在幼儿园的公共空间设计之中。涂鸦艺术在幼儿园公共环境中的运用，其作用除了美化环境吸引儿童外，还有一个重要的价值在于促进幼儿的主动审美以及表达的意愿，因此在设计时需要以提升幼儿与涂鸦的互动为目标，充分发挥涂鸦艺术的作用与价值。

三、幼儿园公共环境涂鸦艺术的设计方法

（一）简而不繁，整体局部和谐统一

运用涂鸦艺术对幼儿园公共空间进行设计，需要综合考虑走廊、地面、门厅、室内活动空间、室外活动空间等多个方面。在考虑空间要素的基础上，还需要明确不同的空间所适用的不同风格、形态和色彩的涂鸦艺术，一方面在图案、线条造型上要秉持涂鸦艺术简洁、明快的基本风格，另一方面要统筹考虑让涉及的每一个单元、每一个部分都能够在涂鸦艺术设计下形成一个有机的整体。比如对走廊空间的设计，首先要明确它不仅是交通空间同时也是幼儿学习和活动的延展空间，每间教室如果能在走廊运用涂鸦艺术布置其特有的趣味空间，或者设计一个独有的涂鸦标志，那么走廊就会变成一个展示不同班级形象的舞台空间，能够有效激发幼儿的荣誉感和积极性，同时也实现了走廊空间功能的拓展。涂鸦艺术形象与幼儿园整体涂鸦艺术风格相吻合，就能把

局部与整体有机统一起来，产生意想不到的设计效果。

（二）特色彰显，多种元素结构组合

一所幼儿园特色的体现是多种要素作用的结果，涂鸦艺术的一个重要作用还在于表达幼儿园的特色文化。涂鸦艺术的夸张和鲜明的颜色对比是其主要特征，但是仅有夸张和鲜明的颜色对比绝对不等于涂鸦艺术，因为这也是其他绘画类艺术形式的表现手法。构成幼儿园空间的要素包括空间隔断、空间家具、空间绿植、空间织物，涂鸦艺术运用于幼儿园空间设计，很大程度上就是让涂鸦艺术在这些空间要素中得以实现。比如通过对空间界面的强化或弱化，就能达到改变空间形态和功能的效果，但是要满足实用功能仅靠这一点是很难实现的，还必须通过所使用的材料、织物、壁布等，以中和空间的封闭感。同样的道理，空间家具自身价值的实现依赖于室内空间环境，空间家具设计与空间环境设计必须一体进行，考虑材质、制造工艺、家具风格与整个幼儿园空间环境的吻合度，既要保证实用性也要讲究美观性，还要确认吻合度。空间织物涉及范围很广，是对幼儿园室内环境进行营造的重要因素。运用涂鸦艺术进行设计，就要抓住织物这个媒介，恰当地把涂鸦艺术体现在贴墙布、桌布、家具面套等工艺品之中，既反映了涂鸦艺术风格，又能体现特定幼儿园的文化特质。

（三）传承借鉴，兼收并蓄集成组合

应当明确运用涂鸦艺术对幼儿园公共环境空间进行设计，并不是要整体推翻幼儿园原有的合理设计要素，而是在借鉴中有吸收、借鉴中有发展。如上所述，涂鸦艺术是运用多种文化元素的融合，相互之间并不是一种排斥关系，在运用涂鸦艺术对幼儿园公共空间进行设计的过程中，既要最大限度体现涂鸦艺术的艺术特点和风格，又要注意吸收古今中外一切文化中的有益元素。对于幼儿园公共空间的涂鸦艺术设计来说，其是各种艺术的集成，除了对涂鸦艺术表达的文化内容上的传承借鉴外，还需要考虑涂鸦艺术的形式语言和色彩语言的传承与借鉴，继承传统，推陈出新。对于有条件的幼儿园，一定要在幼儿园建筑设计和整体规划设计开始时就考虑到与之配合的涂鸦艺术设计，这才是未来涂鸦艺术在幼儿园公共环境设计中应用的趋势。总之，运用涂鸦艺术对幼儿园公共环境进行设计，要采取兼收并蓄的态度，把有益于给幼儿创造一个优良环境的因素吸收进来，用集成的方法为幼儿打造属于他们自己的"幼儿园"。

四、幼儿园公共环境涂鸦艺术的设计策略

笔者在幼儿园公共环境涂鸦艺术设计原则与方法的基础上，提出相应的设计策略。设计策略的提出需要充分考虑涂鸦艺术本身的特征、幼儿园公共环境的属性和幼儿园幼儿的心理和生理发展特点，以期为幼儿园环境优化建设提供一定的借鉴。

（一）幼儿园公共环境涂鸦艺术的主题设计策略

主题设计是幼儿园公共环境涂鸦艺术设计的"总规划"，是幼儿园公共环境涂鸦设计首先需要明确的内容，主题的选取、整合和确认都关系到后面涂鸦艺术的呈现。主题的设计既需要考虑符合幼儿园自身的文化属性，也需要考虑符合幼儿的审美意识。

1.区域环境要素的提炼与协调

每一个地域有每一个地域特有的文化，同时也会有与这种文化相匹配的建筑形式和风格。文化的精英性会转换为一种物质面貌体现在幼儿园的公共环境设计中。因此在涂鸦艺术设计上，就要设计一些较为时尚、精美的涂鸦艺术形象，以显示自身的特

色。除此之外，在意识到这种差异的文化与物质面貌带来的影响后，我们更应该运用涂鸦艺术的手法去弥补一些幼儿园在区域环境上带来的文化面貌劣势等问题，而不是一味地顺应区域环境的底色进行设计，我们可以初步判定目前这种差异性的现象是一种由于无视区域环境要素对幼儿园公共环境影响而带来的设计上的"不良结果"，而涂鸦设计在公共环境中运用的重要作用更多的就在于弥补这种不足，让每个幼儿都能在一个相对平等的空间中成长也是每个设计研究者应该努力的目标。

2.民俗与外来文化的提取与整合

每一个地方都有自己的历史，也都有属于自己的文化。不同文化之间都存在着一定程度上的相通性，每种文化都必须汲取其他文化的精华才能具有持续的生命力。幼儿都喜欢游戏，不管是外国的还是中国的，也不管幼儿出身于"草根阶层"还是"精英阶层"，这本身就很能说明问题。涂鸦艺术本身就是外来文化，我们需要做的是汲取涂鸦艺术的精华，让不同的文化元素融合起来，并把这种精华运用到幼儿园公共环境设计之中。

在整合幼儿园涂鸦艺术的整体设计元素时，应充分考虑到民俗文化与外来文化。针对民俗文化的提取与整合，我国有数量庞大的文化内容及元素，其中可以用来引导和教育幼儿的民俗文化内容更是数不胜数，因此民俗文化在与涂鸦设计结合时的主要难点在于如何借助这一外来文化表现手段去表达本土民俗文化元素。例如我们的汉字与英文字母的字形结构不同，是否能够"照搬照抄"同样的表达手法还存在一定的不确定性。庞大的文化内容并没有创造出固定的形象群体，这也与我们的民宿文化内容有很大关系，我们的文化内容更多的是体系化的文化架构，无法进行固定的形象化表达。这就要求涂鸦设计者在自身对民宿文化深刻感悟的基础上进行具象化的表达设计，还需要照顾到幼儿的认知水平和能力，并提升画面对幼儿的吸引力；针对外来文化的表达，涂鸦艺术本身就是一种外来文化的载体，因此在形象表达上有很多可借鉴的元素内容以及很多可选的表达技巧；在选择文化表达内容上需要着重注意和谨慎考虑，一些词汇涂鸦的选择应考究其背后的引申含义以及在其文化背景内的含义，在国际化如此充分的今天应避免出现一些低级的错误。

　　3.主题元素形态择取的归纳与总结

　　幼儿园的公共环境一般都会有其特定的主题性，这种主题性与幼儿园的产生背景、发展定位以及管理者的主观选择有直接关系，通常这种主题性在公共环境中的表达主要依靠涂鸦艺术这一媒介。幼儿园公共环境的涂鸦主题主要通过相应的元素形态进行表达，比如某些幼儿园内的海洋世界、森林王国和童话王国主题空间。在海洋世界主题空间中，为了营造空间主题，除了大面积运用蓝色外，最主要的方法是在墙面上进行了以海底生物为主要形态的涂鸦，在顶棚运用了鱼形态与泡泡形态的装饰意向；森林王国主题空间中则大面积运用绿色，并在空间中运用了森林、草地、小动物和云彩等森林自然意向的涂鸦形象；在童话王国主题空间中，由于主题比较抽象，因此在形态择取时有一定困难，空间中主要以星星、月亮和糖果等抽象元素形态进行主题表达，表达上略显乏力，难以清晰地分辨主题。

　　由此可见，主题元素形态的选取直接影响着涂鸦主题的表达水平。在主题元素形态选取时需要考虑两个因素：①元素形态要具备典型性，能够清晰地反映主题，并且在形态的表达上可以进行抽象与具象搭配组合，抽象的形态可以提供给幼儿想象的空间，但幼儿对完全抽象形态的认知力不足，且尚在认知世界的初级阶段，需要多去了解和识别一些具象的形态；②元素形态择取要考虑到幼儿的认知和审美能力，在确定好选取的元素内容后，需要充分征询幼儿的意见，将不同表达形式的涂鸦设计样式与幼儿进行充分的沟通，在表达形式的复杂程度上以及涂鸦形象设计上都需要认真听取幼儿的意见。涂鸦形态的尺度设计也十分重要，幼儿受身高和视力发育的限制，可视空间范围和视觉感受上与成年人不同，因此涂鸦元素形态的大小比例以及绘制的高度位置等都需要重点考虑。

（二）幼儿园公共景观环境涂鸦艺术的设计策略

1.提高幼儿园公共景观环境的识别性

幼儿园是城市景观中最温馨、最富有朝气和活力的景观空间之一。从城市景观的角度看，没有运用涂鸦艺术进行公共景观环境设计的幼儿园就像城市这个大海中的一滴水珠，被淹没在社区、公园、广场这样的公共景观之中，人们很难从众多城市景观中把幼儿园识别出来，唯一的区别可能就在于这里是幼儿聚集的地方，从背着小书包的儿童和匆匆送幼儿入园的家长，辨别出这个地方是幼儿园而不是其他的公共景观。幼儿园公共景观环境的识别性其本质展现的是空间的文化特色，换句话说正是因为幼儿园公共景观环境具备很强的文化特色才赋予了其很强的识别性。这种识别性的作用在于一方面吸引幼儿进入幼儿园空间，另一方面增强幼儿园的领域感，让人们接近该空间范围时主动关注幼儿的安全问题，提前规避可能带来的危险因素。

运用涂鸦艺术进行整体设计的幼儿园，那些可爱的卡通形象、夸张的颜色对比，让人首先想到这里是幼儿园而不是其他什么城市景观，因为涂鸦艺术本身很容易与幼儿联系起来，只有幼儿园的幼儿才会像喜欢动画片一样喜欢涂鸦人物、动物形象。可以说，涂鸦艺术运用到幼儿园公共环境设计之中，可以使幼儿园的可识别性明显提高，其与城市其他景观的区别就明显体现出来，谁也不会认为这是其他城市景观而不是幼儿园。幼儿园可识别性的提高，有助于提高幼儿园的安全性，在交通、城市规划等方面保护好幼儿园，为幼儿提供一个更加安全的大环境。

2.形成幼儿园公共景观环境的独有特色

涂鸦艺术本身就是一门独具特色的艺术，运用这一独具特色的艺术所构建的幼儿园公共景观。涂鸦艺术对于幼儿园可识别性的提高，其前提就在于涂鸦艺术本身赋予了幼儿园这一城市景观的独特风格。

经过涂鸦艺术设计的幼儿园公共景观环境能够展现出很强的想象力氛围，这种想象力氛围在家庭和其他场所是很难感受到的，也只有在幼儿园这样的场合，才能让这种想象力像长上翅膀一样尽情翱翔。想象力的开发和培养对于幼儿未来的成长和发展具有十分重要的作用和意义。

幼儿园本身就是幼儿的世界，涂鸦艺术融合了幼儿绘画的许多特征，所设计出来的幼儿园环境本身带有许多符合幼儿特点的图案、人或者物，让幼儿园更加体现自身的特性和幼儿自身的特点。如果不运用涂鸦艺术对幼儿园的公共环境空间进行设计，幼儿园的独有特色将很难实现，传统的艺术形式只能在其局部实现，无法从总体上让幼儿园更像"幼儿园"。起码可以说，涂鸦艺术的运用让幼儿园更像"幼儿园"，涂鸦艺术所呈现出来的线条、色彩、图案更符合幼儿的心理认知特点、行为特点和生理特点，也更容易增强幼儿对幼儿园的归属感。目前我国一些地区的部分幼儿园还没有形成特有的公共景观环境特色，表现在幼儿园景观没有与周边建筑物形成协调统一的关系，有的显得过于突兀，有的则被淹没在周边建筑物之中。在提高幼儿园整体识别性的基础上，应从主题、元素、色彩和形态等方面进一步提高幼儿园公共景观的幼儿专属性特色。

3.营造幼儿园公共景观环境的艺术文化氛围

幼儿园作为幼儿的乐园应该具有一定的艺术氛围，但是这种艺术氛围绝对不应该与成年人的审美意识趋同，让原本属于成年人的艺术与文化意识占领幼儿园这片天地。成年人有属于成年人的艺术，幼儿园的涂鸦艺术要体现出与幼儿意识形态相对应的艺术特点。涂鸦艺术以其特有的草根性和与幼儿绘画相一致的率真性，给幼儿园带来了耳目一新的感觉，创造出久违的文化天地，这正是涂鸦艺术对于幼儿园的魅力所在。在这样的文化氛围中，幼儿感受到的是属于自己的文化，他们生活在属于自己的文化氛围之中而不是属于成年人的文化氛围之中。从目前大部分的幼儿园来看，还不能感受到清晰且强烈的幼儿园所特有的文化氛围，幼儿园空间还基本停留在发挥其基本功能这个阶段，还没有完全形成与周边环境相协调的景观文化氛围。

幼儿园公共景观的识别性和独有特色以及艺术文化氛围之间存在着本质上的联系性，独具特色的公共景观环境其识别性通常也会更强。而本节所探讨的幼儿园公共景观环境艺术文化氛围更侧重的是涂鸦艺术带来的内容上的和文化上的影响，是针对幼儿这一主体的影响。涂鸦艺术对于公共景观环境艺术文化氛围的营造主要依靠建筑外立面、幼儿园院落地面、局部的墙面以及一些灰空间和植物围挡等空间界面，还要通过一些具有主题形象性的公共设施或景观小品进行点缀和呼应，通过将精心设计后的涂鸦进行合理的规划布局，完成界面与设施小品的对话与联系，从而营造出幼儿园公共景观环境的艺术和文化氛围。

（三）幼儿园公共环境幼儿功效的设计策略

运用涂鸦艺术对幼儿园公共环境进行设计，改变的是幼儿园的形象和外观，通过对形象和外观的改变，从而改善幼儿的学习生活环境，这是本研究最根本的目的。为实现研究目的，下面以幼儿作为主体从心理效应、生理效应、行为效应三个方面，提出相应的设计策略。

1.以幼儿心理效应为标准

蒙台梭利非常强调环境对幼儿心理、生理发展中的作用，认为幼儿园就是要为幼儿创设一个"有准备的环境"，这个环境是早已创设好的环境，包括它的物质环境和人文环境。现代心理学、教育学、生态学等学科的发展，使得人们对幼儿园的园区环境认识不断深化。幼儿的成长包括身体的成长、智力的成长以及情商的成长，这就决定了幼儿园园区的艺术设计包括涂鸦艺术设计，要以此为中心，不仅满足幼儿吃饭、穿衣、安全、生活经验的获取等需要，还要满足他们的知识建构、思维能力以及健康心理的培养，能够让幼儿在积极健康的氛围下成长。因此，教育工作者必须对幼儿园的公共环境予以高度的重视，在制订教学计划的时候，将环境因素考虑在内。同时，要擅长合理分配幼儿所处空间的时间安排，才能既做到保证幼儿夯实知识基础，同时又做到帮助幼儿在一个充满童趣和自由的环境中开发潜能和发展兴趣。幼儿心理效应既有想象力丰富的一面，也有注意力、兴趣持久性较差的一面，针对幼儿的这些心理特点，下面提出相应的设计策略。

（1）创设促进幼儿社会交往的空间。国内幼儿园中幼儿的活动大多都是单组式活动单元布局，虽然这种布局结构紧凑，空间利用效率高，卫生性、安全性比较好，但是其最大缺点在于封闭性。通过分析联强小区幼儿园幼儿的一日活动可以发现，幼儿几乎一整天就在这样的一个封闭的空间里生活学习，不同年级、不同年龄的幼儿很难有所交往，这不仅不利于幼儿社会经验的积累，也不利于幼儿的身心健康成长。一个人的成长不可能在一个相对封闭的空间里实现，在一个封闭的空间里一个人也不可能实现真正的成长。因此十分有必要打破小班、中班、大班，尤其是中班、大班之间的界限，实现各种活动的共同参与，构建开放式多组合单元，为集体游戏创造空间。运用涂鸦艺术进行幼儿园公共环境设计时，应通过调整走廊的空间形态，淡化不同年级、不同年龄幼儿参加公共活动的人为界限，统一活动空间的标识、造型、颜色等设计要素，营造统一的学习、活动空间。

（2）创造具有趣味性的室外场地。首先，室内外空间要实现有机融合，最主要的是抓住门厅这个关键空间，将门厅的部分通过涂鸦艺术设计实现室内空间室外化，室内外空间自然过渡，门厅不再单纯作为一个走廊而存在，而是作为幼儿的一个室外活动空间的补充而存在，为幼儿增加一个玩耍嬉戏的新的空间。其次，通过出挑或退台的手法增加室外走廊，一方面扩大活动面积，另一方面提升空间的层次感和趣味性。在增强空间趣味性上，注意运用涂鸦艺术打造奇妙造型，奇妙的造型能够打破传统的、固化的空间模式，让幼儿构建一个属于自己的奇妙空间。处于幼儿阶段的幼儿思维十分活跃，他们天生对奇怪的造型和鲜艳的颜色比较敏感，因此符合他们心理特点的造型更能吸引他们的注意力并激发他们的兴趣，常规的东西很难引起他们的兴趣，一个玩具玩的时间长了他们就不会再感兴趣，而一件新鲜玩具总能让他们欢喜不已，他们只对新鲜的东西感兴趣，而且还会发挥自己的想象力，创造出更多新的东西。

（3）增强游乐设施的趣味性。现在的幼儿除了一成不变的滑梯、跷跷板、秋千等，好像没有更多的游乐设施能够满足他们喜欢玩耍的心理需求。为了增强游乐设施的趣味性，可以增添一些小型游乐设施，通过不同游乐设施的组合和在不同场地的位置移动，提高幼儿玩耍的兴趣和新鲜感。对于现有的大型游乐设施，也可以实行组合的办法，如游乐设施与沙坑组合，游乐设施与水池组合，提高游乐设施的利用率以及幼儿的游乐兴趣，更为重要的是可以利用涂鸦艺术对游乐设施进行艺术化的改造，既能满足幼儿的好奇心，又可以方便更换样式保持不断的吸引力。

（4）设计与幼儿心理特点相吻合的视觉元素。色彩永远是激发幼儿视觉兴趣的第一要素，也是涂鸦艺术的一大特色，设计时应根据每个幼儿园的特点和空间属性确定主色调，再依据配色的原则和方法，确定辅助颜色和点缀颜色。主色调应该依据幼儿园所处的区域特点和文化基因来确定，比如联强小区幼儿园的基因是"草根性"，草根性的主色调就应该是绿色或者浅绿色、淡绿色；省直机关第五幼儿园的文化基因带有"精英性"，它的主色调应该是黄色或者淡黄色、米黄色。主色调选定后，就要根据颜色搭配原理选择好辅助颜色和点缀颜色，辅助颜色和点缀颜色不能选择过多，以免造成幼儿的视觉疲劳，分散他们的注意力。室内空间颜色的搭配要适合愉悦、活跃的氛围，在选择高明度、高纯度颜色的同时，还要注意选择对比色或互补色进行调和，既调动幼儿的积极性，又让幼儿感到安定。室外颜色包括建筑主体、游戏场地、周边建筑物、游乐设施等，共同构成室外色彩环境。室外颜色主色调应该与室内主色调保持协调统一，以建筑物为载体体现主色调，主色调应简洁明快，辅助颜色和点缀颜色尽量选择有感染力的色彩，以提高幼儿园环境的整体活力。同时注意装饰材料的多样化选择，通过涂鸦艺术设计将装饰材料转化为幼儿游戏的工具，如可涂画的墙面、可移动拆装的家具等，提高环境的可变性，运用光环境塑造不同的涂鸦艺术形象，进一步提升幼儿园的趣味性。

2.以幼儿生理效应为基础

幼儿 3 ~ 6 岁的年龄段是学龄前时期，这个时期幼儿的生理特点是涂鸦艺术运用于幼儿园公共环境空间设计需要考虑的重要因素。在幼儿园这个小天地里，幼儿有两个重要的活动空间值得关注，一个是"公共活动"空间，一个是私密空间，也就是说他们不仅需要"大尺度"的公共空间，也需要"小尺度"的私密空间。这里的"小尺度"空间与一般意义的小尺度空间的概念有一定的区别，主要是指符合这个阶段幼儿生理特征的较小尺度的活动空间。"小尺度"的空间符合幼儿的使用特点和生理特征，更容易给幼儿带来安全感和归属感，也更容易满足他们的好奇心。在以班为单位的空间内部塑造"小尺度"空间的办法就是采用"夹层"或者"跃层"的方式，增强空间的层次感。夹层空间较小具有较强的隐蔽性，在设计卧室时要考虑幼儿上下的安全性和教师照看幼儿的便利性，夹层空间的体量要考虑幼儿的身高尺度，还要注意夹层内的通风透气性。在局部的小尺度空间节点处还可以设置滑梯或者攀爬网，增强空间的趣味性和神秘感。夹层空间的设计不仅要考虑它的高度，还要考虑它的深度，如果深度过深，神秘感就会变成恐惧感，因此夹层的高度不宜超过层高的一半，且还需要保证具有良好的空间视野，始终保持把幼儿的一举一动纳入教师的视线。还要注重空间的横纵比，空间不宜过宽，比例适当的空间幼儿的体验感会更佳。

3.以幼儿行为效应为前提

实体空间主要包括幼儿园的室内和室外空间。无论是室内空间设计还是室外活动空间设计，都是为幼儿园的幼儿服务的，因而必须以幼儿的行为特点作为设计前提。从室内空间看，地面装饰在选择材料时，实用、美观和安全性是需要重点考虑的方面，在保证安全性的前提下进行多样化的选取。根据幼儿园幼儿好动的特点，在选择地面材料时不适合采用大理石地面，而更应该采用合成地板、木地板等质地亲肤的材料，尤其是要注意材料的质感不宜太光滑，需要带有一定的柔韧性，使幼儿的脚落在地板上感觉比较舒适，不容易产生疲劳。墙体装饰材料应该多选择适合幼儿"涂鸦"的装饰材料，让幼儿在玩耍中充分与涂鸦进行互动，把墙面作为幼儿展示自己才能的一个舞台，在颜色选择上多用一些纯色和暖色，尽量避免一些复杂的颜色。教学空间也应该适应幼儿不受拘束、自由自在的特点，尽量设计成一个开放的空间，不仅在固定的场所能够开展教学，而且把门厅、走廊、楼梯等空间都变成一个课堂，让幼儿在幼儿园每个角落都能受到涂鸦艺术的感染和熏陶。

在室内活动空间，应该以幼儿为中心，尽量让每个幼儿的个性都能彰显出来，避免小学、中学中出现的那种整齐划一、千篇一律的学习和活动方式。室外活动空间是幼儿进行社会交往和经验积累的重要场合，在设计上除了应有的活动器材，如组合滑梯、跷跷板、转椅、秋千等之外，还要考虑小班、中班、大班幼儿的特点，根据不同活动器材的危险系数，用不同的颜色标注出来，提醒教师和幼儿选择适合自己的活动器材，降低幼儿发生危险的系数。活动设施应该尽量摆放在阳关更充足、通风较好，交通比较方便的地方，合理划分室外空间功能，调整活动设施结构，增加一些沙池、戏水池等游乐设施。地面的铺装应该采用塑胶或者其他防滑材料铺装，尽量多保留一些天然草坪，多增加一些树皮、坚果壳碎屑等有机或无机填充材料。在植物景观上，在幼儿休息或活动空间中，多种植一些落叶乔木，营造幼儿园亲切自然的环境。

（四）幼儿园公共环境幼儿适需的设计策略

1.用细腻的方法落实设计理念

国内很早就提出了人与自然和谐共生的设计理念，在幼儿园空间设计上也已提出这一理念，但是对于如何实现这一理念至今还没有见到一种有效的策略和方法，设计的目标与设计的效果经常脱节。究其原因在于设计时首先考虑的是如何运用造型、颜色等设计要素改变幼儿园的外部形态，而很少考虑在幼儿园现有的自然环境、场地条件的基础上进行"再塑造、再利用"。例如日本的白水幼儿园利用缓坡高差就势打造缓慢爬升阶梯，利用高低交错的屋顶平台调节光线，汇集流水，用玻璃幕墙把室内与室外环境统一起来，让幼儿更好地感知野生情趣。由此可见，一个良性的幼儿园环境需要从场地、建筑、环境和布局等多角度去考虑，而国内应该予以改善的要素是在经常采用的串联阶梯式和分支式平面空间布局上进行适当的改变和创新，更多地联通室内外的公共活动空间，给予室内外环境平等的关注。这种方式可以让幼儿园的整体识别性更强，环境特征更加统一，设计时不仅要注意与建筑主体的呼应形成整体的设计，同时还要最大限度地利用幼儿喜欢大自然这一天性，串联室内外空间让空间发挥出更大价值，让幼儿园空间更多传达幼儿的语言，另外还应该多采用围合式和集中式的方法对空间的舒适度和空间给予幼儿的感受方面下功夫，在提升空间的趣味性上下功夫。这些细节的设计都需要在幼儿园整体规划设计之前统筹考虑，在设计上需要考虑的细节问题很多，具备一定的设计难度，因此必须采用细腻的方法去落实设计理念。这些方法主要包括：首先要充分利用原始环境条件创造空间；其次统筹室内外空间一体化设计，注重公共空间的连续性；再次要充分了解幼儿需求，充分考虑幼儿的生理心理特征；最后在实施施工的过程中要细心，完善每一处细节，避免出现安全隐患。幼儿是国家的未来，幼儿园是他们成长的空间，对幼儿园环境的用心设计和实现就是对国家未来的负责。

2.不断换位思考幼儿的需求

一个幼儿园的设计完成并不等于对幼儿需求满足的结束，而恰恰是开始。一个成功的设计不在于设计的外表如何吸引人夺人眼球，而在于能否持续关注需求，持续完善设计。国内幼儿园在环境设计上，对幼儿需求的满足是一次性的；也就是说它所满足的是设计时幼儿的需求，而不是幼儿持续改变的"未来的需求"，由于不同时代发展背景下，幼儿的思想发展程度在不同年龄阶段都是不同的，其需求也都在不断发生更改，如果在未来的某个时点不能满足幼儿的需求变化，那么就只能进行重新设计。我们应该明白，虽然在整个设计过程中，幼儿的角色是被动的，但是这并不是强加给幼儿一个什么样的环境，幼儿就没有说"不"的权利，而且幼儿对当下的环境满意也并不等于对未来的环境满意。设计者和幼儿园的责任永远是关注幼儿对环境的需求，并不断满足幼儿的这种需求，不仅要持续关注幼儿园幼儿这个群体的需求，还要持续关注幼儿园幼儿的个性化需求。这种需求有些是幼儿需要的，有些则是幼儿教育从业者根据社会发展变化需要给予幼儿成长需要的。在不同的发展阶段下，需要了解和培养幼儿的方向都是不同的。

由此导致的问题就是幼儿园公共环境中的涂鸦设计也不能是一成不变的，其内容和形式都应该根据幼儿需求的变化而进行必要的更新，这种更新应该与幼儿园公共环境的整体设计同时进行，以保证涂鸦与公共环境的和谐性和匹配程度。通常建筑形式往往是难以进行更新的，幼儿园公共环境中可以有所改变的主要有设施、摆件、幼儿家具以及界面装饰，涂鸦设计的变化在其中对空间结构的影响最小，最易于实施，因此在某种程度上说，注重涂鸦设计的幼儿园公共环境更适用于满足不断变化的幼儿需求。

3.突出对幼儿的精神培养和精神空间再造

艺术可以感染人和影响人，涂鸦艺术作为艺术的一部分，其本身就具备一定的文化属性，同样具备对人精神的培养，因而充满了涂鸦的空间能够对所处其中的人的精神空间进行再造和影响，想要达到何种精神的培养就要表达与之相匹配的内容和形式，在形式上会有色彩、材料和技法等多种影响因素，每个因素与不同的形式都会碰撞出不一样的效果。

　　针对幼儿园和幼儿来说，无论运用何种艺术形式对幼儿园空间环境进行设计，最根本的目的还是在于通过公共环境的设计对幼儿进行精神培养。幼儿园公共空间的设计，绝对不仅仅是为了改变幼儿园的面貌和空间布局，而是希望通过环境的再造持续向幼儿传达一种精神，在幼儿群体之间塑造一种精神，这种精神一定是积极正向的，甚至是可以展现出一所幼儿园独有特征的。在环境设计中也要讲究人性化，但是这里所讲的人性化大多考虑的是对幼儿的过度保护，而忽视了对幼儿勇敢、坚毅、果敢精神的培养，把"以幼儿为中心"变成了"以保护幼儿的安全为中心"。这是我国幼儿园在环境设计上陷入的一大误区，导致了很多幼儿园对幼儿缺少独立勇敢担当精神的培养。真正的"以幼儿为中心"，应该是以幼儿的"天性"为中心，幼儿园的环境设计需要围绕着幼儿的"天性"而服务，真正让幼儿在这个环境中释放天性，得到全面的培养和引导。我们经常看到一些群体不负责任地把一些调皮幼儿称之为"熊孩子"，这既是对这些幼儿的人格侮辱，也是对幼儿天性的漠视，是有百害而无一利的，不利于民族精神的培养，也不利于幼儿的健康成长。可以说调皮就是一种幼儿的天性，谁也不能抹杀幼儿的天性，在涂鸦艺术对于幼儿园公共环境的设计过程中，需要通过涂鸦艺术的形式满足幼儿的这种天性，而不是试图抹杀这种天性，这既包括鼓励幼儿参与到无所顾忌的涂鸦创作当中，还包括在涂鸦艺术表达内容的选择上要体现某种精神层面的积极影响。前者为幼儿参与涂鸦释放天性，后者为设计者和教育者对幼儿精神培养进行有目的的积极引导，两者结合可以达到更好的效果。

（五）幼儿园公共环境涂鸦色彩应用的设计策略

1.幼儿感知的色彩搭配策略

在涂鸦设计的主体和基本框架都已经决定好的基础上，颜色的填充就是接下来的关键一步。而在涂鸦图案设计时，很多人都会在色彩的选择和搭配上掉以轻心，认为主题和勾勒部分一旦完成，剩下的颜色填充部分就不需要多下功夫。而正是这种错误的想法往往会导致涂鸦艺术的设计效果无法完美地展现出来。作为成年人，我们可以凭借自己的认知和经验去感受和辨别一个艺术作品，但是对于幼儿来说却并非如此。幼儿的感知能力非常强，同时也非常敏感，他们大多需要依靠直觉进行感受，从而去定义某一具体事物。因此，如果在第一眼的视觉接触时，无法给予他们以震撼和吸引力，他们就会很轻易地转移视线，并不会再对其产生任何兴趣，这种情况下，幼儿园公共环境下进行的艺术涂鸦设计，就必然会因为无法对幼儿产生有利影响而以失败告终。因此，色彩的辨别和选取也是涂鸦设计的重要环节之一，也需要结合幼儿的喜好和视觉效果等方面进行多加筛选和考虑，才能最终确定并使用。

但是，这并不意味着将各种鲜艳的颜色进行堆叠就是好的做法，这种做法只会走上另一个极端，即便是一个艺术领域的外行人都知道，一味使用花花绿绿的色彩，不仅会给视觉上带来负担，同时对于引导内心归于平静也会产生很大的影响。因此，即使是涂鸦绘画这一艺术形式，仍然需要在整体上尽量避免使用过多复杂的色彩，否则就会导致涂鸦主题不突出而无法起到教育的作用，同时还会因为与幼儿园整体建筑风格不符合而产生冲突，造成整体美观性被破坏。因此，正确的做法应该是根据涂鸦主题以及幼儿园整体建筑风格，考虑色彩的协调性，同时还需要考虑到，幼儿对于纯度比较高的颜色具有极高的辨识度，将这种特性充分地运用在涂鸦绘画中，让涂鸦设计的效果既能够让人耳目一新，同时又能够显得热烈而不凌乱、规整而不拘束，才能在符合幼儿审美需求的基础上让教育主题更加被强调和突出。除此之外，根据公共环境的涂鸦面积，选取适当的小面积区域使用一些高亮度的纯色进行填充，能够让整体效果和谐统一的基础上，更加地突出重点，尤其是在一些比较天马行空的涂鸦主题中，这种方法能够让幼儿产生更加浓厚的探索兴趣。

2.幼儿教育的色彩信息表达策略

幼儿对于颜色的敏感度相较于文字而言是非常高的，幼儿的心理本身就是趋向于喜欢丰富且浓烈的色彩，在幼儿园公共环境的涂鸦设计中要尽量丰富用色，这也是为什么幼儿如果仅仅是通过文字编号，也会出现走错教室的情况，而如果将教室的班级号用不同的颜色进行标注，他们反而能够记忆得更加牢固，从而避免出现走错教室的尴尬情况。同时，色彩在教育中的识别作用也表现在了课堂教学中，幼儿对于以各种颜色标注的数字或英文字母，相较于全部是黑白字而言，也会呈现出更为良好的记忆效果。因此，在幼儿园公共环境的涂鸦设计中，利用色彩进行识别教育，是一个非常正确的做法。尤其是在公共环境中，或多或少会存在一些危险事故频发的区域，即使教师在自由活动之前已经对幼儿进行了必要的嘱托和说明，危险事故发生的频率仍然没有得到显著的降低。这是因为仅仅以话语或者文字方式进行的安全教育，并不能很好地作用在幼儿的身上，他们并不具备敏感的接受文字讯息的能力，而涂鸦艺术设计却可以通过色彩很好地实现这一点，通过对不同区域进行不同的颜色标注，从而使幼儿自主地产生在这一块区域进行活动的想法。例如在安全区域，可以选取明亮活泼的色彩，让幼儿首先在视觉上接收到这一色彩传递出的安全性信息，例如绿色，会让人们不由自主地想到草地和绿树，因此能够给予人们非常安全和舒适的心理感受；而对于一些拐角或者视觉盲区，由于经常会产生碰撞和刮伤等安全事故，可以用一些厚重浓烈的色彩去进行标注，例如大面积地使用黑色和红色，幼儿在接收这一颜色传递出的讯息后，会选择尽量远离这块区域，从而达到良好的警醒效果。

3.幼儿心理色彩引导性应用策略

强调色彩的指示性作用也是在幼儿园公共环境中进行涂鸦设计所需要考虑并实行的具体策略。色彩自身并不具有所谓的好坏和优劣之分，但是在现实生活中，万事万物所呈现出来的色彩却会让我们不由自主地对颜色进行定义，这种心理反应不仅存在于成年人的身上，也会存在于幼儿的身上，正是由于他们年龄比较小，无论是阅历还是经验方面都不足，因此对于色彩所代表的事物会有着更加强烈的反应，而如果我们能够正确地利用这种色彩的指示性，就能够让幼儿园公共环境的涂鸦设计效果得以更好的展示出来。所以，这就要求在选取色彩的时候，需要从幼儿的视觉角度出发，考虑到某一具体色彩在幼儿心中所代表的具体象征含义，从而更好地对具体情况进行具体分析。例如，大面积使用冷色调或者暖色调的色彩，对幼儿产生的心理感受不尽相同，暖色调更加容易营造欢快的气氛，因此适合在室外环境中进行大面积铺设，但是冷色调如果能够合理地使用，也能够让贪玩好动的幼儿不由自主地表现出顺从。

总而言之，色彩作为一种通过肉眼和大脑对人体产生视觉效应和心理效应的一种物理现象，会在幼儿时期达到最大化。幼儿相对于成人而言，对所处环境的颜色感知能力更强，受到的影响也会更大，而这也是为什么在涂鸦设计的过程中，需要对色彩的运用进行必要的分析和考虑，通过对色彩进行科学合理的搭配，发挥色彩在教育和指示方面的作用。科学的实验研究也明确说明，人们对于外界讯息的获取，几乎有百分之九十是通过视觉器官进入大脑的，而这也是为什么需要不遗余力地强调色彩对于幼儿园和涂鸦设计的重要性。

第五节　自然主义教育思想下的幼儿园环境

一、自然主义教育思想下幼儿园环境的创设

（一）自然主义教育思想

阐明自然主义教育思想的基本内涵是将自然主义教育思想运用到幼儿园环境创设的前提条件，才能为我们探索出自然主义教育思想对幼儿园环境的启示提供思路，因而本研究的首要前提是要对自然主义教育思想有一个基本的了解和整体的把握。

1.自然主义教育思想的内涵

要明确"自然主义教育"的内涵，则离不开对其核心词汇的理解，这就意味着本研究首先需要对"自然""自然主义"进行解读，

以便循序渐进地了解自然主义教育的丰富内涵。

（1）自然的含义。"自然"一词含义丰富，下面介绍几种词典对"自然"的阐释。《牛津高阶英汉双解词典》中关于"nature"的解释有六条：第一，自然界，大自然，存在于宇宙中（包括植物、动物和人等）的万物；第二，不为人力所控制的自然存在方式；第三，人或动物表现出来的天性、本性或性格；第四，事物的本质或基本特征；第五，种类或类型；第六，有本性的。《现代汉语词典》中对"自然"主要有以下三种释义：第一，自然界；第二，自由发展；第三，理所当然。在线汉语词典有关"自然"的解释有：第一，宇宙万物，即整个自然界；第二，关于自然界的、非人为的事物；第三，不经人力干预而自由发展；第四，不勉强，不拘束，不呆板；第五，表示当然。

"自然"的含义并不是一成不变的，是随着时间的变迁而不断改变的，从哲学产生开始就有哲学家对它的概念进行了剖析。古希腊的哲学家赋予了"自然"两种主要的含义：一为本原（source），即"基质"——事物的原本状态；二为集合，即希腊人所总结的世界或宇宙，也就是自然界中的自然物及其秩序等。在中国，"自然"最早是由道家首创的，是一个抽象的哲学概念。道家代表人物老子说："人法地，地法天，天法道，道法自然"，他提出的"自然"主要是指"道"，即万事万物的规律。随着时间的不断推移，"自然"的含义日益丰富，大致包括：①起源或诞生；②指单纯的大自然、自然界；③自然物的形式因；④天性或本性。本书的"自然"主要涉及的是自然与人的教育之间的关系，探讨自然主义教育思想构建的自然，以便运用于学前教育，应用于幼儿园环境创设。

（2）自然主义的内涵。自然主义强调以自然为中心，促进人与自然的和谐发展。本书的"自然主义"主要是指从教育学分析角度的自然主义，而不是它的哲学概念。自然主义是一种顺应幼儿天性，让幼儿自然而然发展的思想。

（3）自然主义教育的内涵。自然主义教育是一种产生于近代西方资产阶级的教育理论和教育思潮，它主张教育要遵循幼儿的自然发展规律。自然主义教育思想是一种要求教育者顺应人的自然本性，遵循人的自然发展规律，促进人的身心自由发展的教育思想。本书所阐述的自然主义教育是指教育者充分利用自然资源，顺应幼儿天性，尊重幼儿身心发展规律，促进幼儿学习与发展的教育。

2.自然主义教育思想的核心

（1）教育必须以自然为师。自然主义教育思想家们都很崇尚自然，无论是中国古代自然主义教育家主张"和四时之节，察水泽之宜……立大学以教之"，还是中国近现代自然主义教育家要求解放幼儿，让幼儿走出教室去接触大自然中的花草树木、虫鱼鸟兽等，从古至今自然主义教育家们都在提倡教育要以自然为师。人从根本上说是自然界的一分子，自然界中的事物对人的发展有着重要意义。人是自然之子，人们在与自然相处时会倍感亲切，不难发现，幼儿喜欢接触自然，可以不知不觉地在大自然中玩耍很长时间。幼儿主要是以直观思维为主，大自然中事物的直接感知、形象可观等特点正好符合这一身心发展特点。处于学前期的幼儿具有泛灵论倾向，认为世间万物都是有生命的，幼儿喜欢与自然事物进行对话，在与自然事物接触时能得到放松。因此，自然主义教育倡导以自然为师，希望幼儿通过与自然的直接接触，感知大自然的无穷魅力，而不是通过书本被教育者灌输这些知识。

（2）教育必须顺应幼儿天性。本书将"天性"理解为人身上的自然属性。幼儿的天性正如幼苗，虽然它需要阳光，但曝晒会使之枯萎，这就启示我们成人要顺应幼儿天性，要把儿童看作幼儿。自然主义教育思想家们主张教育必须顺应幼儿天性，他们常常将幼儿的教育与大自然中动植物生长的规律进行类比。如柳宗元在《种树郭橐驼传》中将人的教育与树的生长作类比；如龚自珍在《病梅馆记》中将幼儿的教育与梅花的生长作类比；如夸美纽斯在《大教学论》中将幼儿的教育与小鸟孵化作类比；如裴斯泰洛齐将人的教育与果实树根生长规律作类比。因此，教育要顺应幼儿的天性，顺应幼儿天性意味着教育者要给幼儿自由，给予幼儿充分接触自然的自由。当然，并不是说教育者要放任幼儿自由，而是要扮演好引导者、参与者和支持者的角色，引导幼儿积极主动地去探索。

（二）自然主义教育思想对幼儿园环境创设的启示

自然主义教育思想提倡"教育必须以自然为师""教育必须顺应幼儿天性"，本书将自然主义教育思想运用到幼儿园环境创设上，主要强调的是"自然"这一要素有着很大的作用和价值。幼儿园环境应该有着丰富的自然要素，可以发挥自身具有的独特价值，可以顺应幼儿天性，有助于为幼儿提供学习与发展的资源，具有教育指导意义。

1.幼儿园环境应具备丰富的自然要素

自然主义教育思想家们提倡"教育必须以自然为师"，因此，启示我们要将"自然"引进到幼儿园环境创设当中，与此同时，将自然要素引进幼儿园环境的形式要多样化，不仅仅是栽几棵树、种几朵花么简单，如果想要幼儿园环境的创设中有着丰富的自然要素，就可以往幼儿园的自然形式上和各种材料的选择上考虑，以求达到自然形式上的多样化和材料选择上的天然化。

在自然形式上，园内可以种植各种花期不同的植物，这样幼儿园一年四季都不会缺少绿色。当然幼儿园光栽一些花草树木是不够的，还可以设置种植园，种植一些适宜本地生长的瓜果蔬菜等；还可以让动物的出现增添园内生命力，专门设置动物区养一些较温顺的小动物，或者是利用花朵吸引一些蝴蝶，让园内生机盎然；还可以依据幼儿园的占地面积来规划绿化的面积，利用场地的高差，模仿多种自然界的景象。比如找到幼儿园较高处，顺势建一条流水槽，引水而下，溪床可以铺设碎石及卵石，夏天，幼儿既可以在这里玩水又可以捕虫、看花；冬天或是初春无水时，小溪的卵石河床会显露出来，幼儿可以在里面进行假装游戏等很多活动，形式随季节变化多样，让幼儿乐在其中，其乐无穷。

在材料选择上，园内可以广泛运用天然的材料。天然材料不但向幼儿展示了独特的生命力，而且能够给幼儿带来不同的感官刺激，有助于提高幼儿的想象力和创造力。在室外环境中，沙地、游戏器材区、游戏场地和景观小品区都可以使用天然材料。如在沙地的设计上，幼儿园除了只是在坑里填满沙子供幼儿玩耍，还可以为幼儿提供一些新的玩法，可以在沙坑里横放几个天然的枯木，利用地势高差，在沙坑上空放置一条供幼儿爬行的网子，刺激幼儿去勇敢探险；如在游戏器材的设计上，多采用圆木梯段，用木板做滑梯；如在游戏场地的边界处理上，幼儿园可以多采用圆木桩、灌木丛和大石块等天然材料对场地进行划分；如在景观小品的选择上，采用天然的物件。在室内环境中，幼儿园也可以大量运用天然的材料，不论是地板、桌椅、娃娃家，还是玩具柜上摆放的玩具，都可以取自天然材质。

2.幼儿园自然环境能够促进幼儿健康发展

自然要素不仅能促进生态平衡，而且有益人类健康。生态平衡是指在地球不断发展进化的几十亿年间，各种生物群落和它们所处的地理环境不断地相互作用，从而逐渐形成的功能系统。各种自然要素之间的相互作用，对生态平衡起到了不可替代的功能作用，同时对人类健康有益。举树木为例，树木为人类生活的地区蓄养水分、调节空气、阻挡风沙，树木从空气中吸入二氧化碳，排出氧气供人们呼吸，是人们生存和发展的必要条件。因此，幼儿园环境中如果有着丰富的自然要素，就可以促进幼儿的健康发展，包括幼儿身体的健康和幼儿心理的健康两个方面。

幼儿园自然环境能促进幼儿身体健康发展。幼儿的3～6岁阶段是其生长发育的旺盛时期，但身体内的各个系统、各个器官发育得不够成熟，组织结构的物质基础也特别薄弱。在自然环境中，到处都充满着新鲜的空气、明媚的阳光，幼儿在大自然中可以呼吸新鲜的空气和沐浴和煦的阳光，自然要素为幼儿提供了基本生存和生活的保障；大自然中植物丰富多样，满眼的绿色也能带给幼儿视觉上的享受，有助于保护幼儿视力；他们在大自然中尽情地玩耍，在他们运动的过程中就增强了自己肌肉群的力量，使自己的神经系统更加灵活，身体的平衡能力和协调能力也能得到有效提高。自然条件下，室外空气的温度是复杂多变的，我们可以适当地让幼儿多接触室外环境，让他们多感受气温的变化，这样有利于幼儿适应气温的变化，有助于幼儿增强抵抗力。幼儿园如果设置了种植区或是动物区，那么教师就能教给幼儿栽种植物和照管动物的最简单的方法，不仅能使幼儿在劳动过程中和看到劳动成果时得到快乐，而且能够使他们在园地劳动的同时，发展肌肉和加强神经系统的锻炼。

总之，幼儿在大自然里的逗留和劳动，有利于他们的身体发育和促进他们的身体健康。幼儿园自然环境能促进幼儿心理健康发展，幼儿在自然条件丰富的环境中，能够沐浴和煦的阳光，呼吸新鲜的空气，看到满眼的绿色，闻到沁人心脾的花香，自然会很感到很舒适惬意、很轻松愉悦。自然中的一切都是那么的美，对于自然的美，即使是最幼小的幼儿也不会漠不关心，幼儿会通过自己的方式去欣赏身边美好的事物，比如树木摇曳的身姿和悦耳的声响，树叶的形状和色调，花朵的色彩斑斓和沁人芬芳等，使幼儿能够在心情愉悦的情况下积极探索世界的奥秘。因此，幼儿在自然环境中能够感到自由、轻松和快乐。

3.幼儿园环境中充满着幼儿学习的资源

首先，幼儿园环境中的自然要素本身就是幼儿学习的内容。环境中花草树木的颜色香味、沙水土石的软硬质地、动物的种类形态等都是幼儿学习与发展的内容，幼儿除了可以学习上述这些静态的知识，还可以学习动态的知识，如天气的变化、青草的簌簌声、枯叶的沙沙声、踩雪的吱吱声、小溪的潺潺声、小鸟的歌唱。再如幼儿可以观察植物的生长过程，初步了解植物生长需要的条件，学习植物需要光合作用等一系列知识。

其次，幼儿园环境中充满自然要素能够激发幼儿的好奇心和学习的兴趣。幼儿很容易受到新异刺激事物的吸引，喜欢活动变化的事物，毕竟学前阶段的幼儿仍然是以无意注意为主。自然环境中的事物又新颖又灵动，一切自然现象都足以引起幼儿的注意，从而能够激发幼儿的好奇心和学习的兴趣。依据皮亚杰的认知发展理论，此时的幼儿具有"泛灵论"的倾向，他们也会把花草树木当作有生命、有思维的东西，他们喜欢同花草树木等自然事物进行对话，虽然在我们成人看来他们是在自言自语，但是我们不可否认的是幼儿在接触幼儿园环境中的自然要素时，不仅可以充分发展他们的想象力、语言能力、创造力，还可以激发他们的求知欲。成人在满足幼儿求知欲的同时，必须尽可能地指引他们自己来解决各种问题，使他们对自然的兴趣更加稳定。

最后，幼儿园环境中的自然要素可以增加幼儿与环境的相互作用。一方面，幼儿园环境中的自然要素能够吸引幼儿主动参与环境创设，比如幼儿喜欢园内的落叶就会捡起来将其带到教室，放在桌子上或是贴在墙上，幼儿自己每天还会看一眼并自豪地向其他小朋友介绍这是自己的杰作，这就是幼儿主动参与了幼儿园环境创设的过程。另一方面，幼儿园环境中的自然要素能够吸引幼儿自由地与环境互动，幼儿生来就喜爱花草树木、虫鱼鸟兽，幼儿愿意通过眼睛看、鼻子闻、手触摸、脚踩踏等方式去广泛接触自然，探索自然的奥秘。幼儿思维具有直观形象性，他们是通过感官获得知识的，而自然要素的特点就是直观、形象，正是因为这一点，幼儿才喜欢接触自然事物，才能在与自然事物的相处中得到共鸣。另外，幼儿的身心发展水平还不成熟，缺乏经验，幼儿仅依靠视觉是无法全面感知事物的，还要通过其他各种方式如手摸、鼻子闻、舌头尝等来认识实物的颜色、形状和气味。因此，我们应充分重视让幼儿用多种感官参与环境的互动，帮助幼儿充分感知自然事物，促进幼儿的学习与发展。自然主义教育思想提倡幼儿园充分利用自然环境，充分利用幼儿运用多种感官参与环境互动，幼儿园教师要经常带领幼儿到自然中进行游戏和学习，为幼儿提供学习与发展的资源，提供探索周围事物的机会，幼儿园教师开展教育教学活动的形式可以多种多样，如开展让幼儿以小组的形式去户外探险活动和田野旅行学习活动等，教师不得干涉，对于幼儿提出的疑问，教师都应给予积极的回应，支持幼儿爱问问题、探索自然的行为。

综上所述，自然主义教育思想提倡的"教育必须以自然为师""教育必须顺应幼儿天性"，给幼儿园环境创设带来了新思路，这就启示我们要将自然主义教育思想运用到幼儿园环境创设中去。幼儿园环境应该有着丰富的自然要素，为幼儿的健康发展保驾护航，为幼儿的学习与发展提供资源。

二、自然主义教育思想下幼儿园现实环境的改善

（一）幼儿园环境创设的总体策略

幼儿园环境创设就是要为幼儿创造适宜的自然条件，与此同时，还要积极发挥自然要素的作用，充分利用自然要素，引导幼儿与自然要素积极互动，让幼儿自由探索。

1.为幼儿创造适宜的自然条件

既然自然主义教育思想因自然要素有其独特的价值和深远的影响而提倡要以自然为师，我们就需要好好地利用自然要素，那么，到底哪些自然要素适合被我们引入到幼儿园环境创设中去呢？自然中不一定所有的事物都能运用于幼儿园环境创设，这就需要我们去选择，可以从以下三个方面为幼儿创造适宜的自然条件。

第一，在幼儿园选址上，应尽可能选择建在自然条件丰富的

环境之中。幼儿园周围应该有山有水，阳光充足，空气清新，满目绿色，幼儿园园外地势开阔。幼儿园不应该建在交通拥堵的路口处，不宜设在高楼大厦的集中区域，不能建在居民区拥挤的角落里。

第二，在自然要素的选择上，不要盲目地引进，而是依据幼儿健康发展和学习的需要为幼儿引入当地的自然元素。比如我们可以在幼儿园室外环境中多种植一些当地适宜生长的树木，为幼儿提供氧气充足的健康生活环境，为幼儿提供认识各类植物的学习对象；可以教幼儿识别适宜当地生长的植物，可以让幼儿切实感受到植物的四季变化、叶子的不同形态等，使幼儿更加充分地认识和了解自然。当然我们不能盲目引进植物，完全不强调幼儿的安全问题，幼儿园应避免种植以下植物：有散发刺激性气味的植物，如漆树；有毒性的植物，如夹竹桃等；有刺的植物，如蔷薇、仙人掌等；带飞絮的植物，如杨树等；易生病虫害的植物，如钻天杨、垂柳等，我们也要考虑幼儿的具体情况，对花粉过敏的幼儿我们应尽量让其避开花粉多的区域。再如我们可以在幼儿园室内环境中，设置摆放植物的生物角，各个年龄段班级的生物角安放的植物可以不相同，起到适宜的、更好的教育效果。小班和中班生物角应当设置一些照料简单的开花植物，便于幼儿观察与管理；在大班，生物角可以选择一些较复杂的植物，使大班幼儿可以认识各种不同形状的茎、叶和花，并观察各种植物的生长变化。另外，幼儿园喂养的动物只能是那些无害的、温顺的动物，它们必须便于驯养，在照管上不复杂。幼儿园最好喂养本地区常见的动物，以便幼儿在自然条件下观察它们，让幼儿容易了解这些常见动物的外形和习性。

第三，为幼儿创造适宜的自然条件，还体现在幼儿园要让自然要素有序地展示出来，而不是杂乱无章的呈现，要体现一种层次感和美感。幼儿园可以给地面铺设草坪，然后添置矮一点的灌木，接着设置高一点的灌木，在幼儿园室外的最外围种植乔木，整体上给人以美的享受，幼儿在其中也会感到很惬意。

2.引导幼儿与自然积极互动

幼儿园仅仅为幼儿创造适宜的自然条件是不够的，如果不让幼儿与这些自然要素进行广泛的、经常的接触，那么幼儿园创设出丰富的自然条件也是徒劳。前面提到，自然主义教育思想对幼儿园环境创设的第三点启示中，幼儿园应充满幼儿学习的资源，特别强调教育者为幼儿提供与自然环境相互作用、积极互动的机会，不仅要求幼儿参与到环境的创设过程中来，而且要求教师通过引导幼儿发现问题、共同探索问题和共同商讨解决问题，促进幼儿与环境的互动。

"幼教之父"福禄贝尔鼓励幼儿要向每一件他赋予生命的事物说话。教育家陶行知主张解放幼儿的双手，让他们去动手；解放他们的眼睛，让他们去观察；解放幼儿的空间，让他们多去接触大自然中的青山绿水、日月星辰等。幼儿园应调动幼儿主动参与幼儿园环境的创设，同时让他们在与环境的积极互动中学习知识与收获人生经验。幼儿园教师在环境中设置了适宜的自然要素后，应向幼儿介绍这些自然要素的特点，并给予幼儿更多地接触这些自然要素的机会，发挥设置这些自然要素的最佳功效。比如当偶然看到一些小动物闯进教室的时候，幼儿园教师可以温柔地带着小朋友一起将这些小动物送回家。除了让幼儿可以模仿教师送小动物回家的行为，幼儿园教师还可以让幼儿多去室外，去与一些小生命不期而遇，幼儿在与环境互动的同时会学到很多知识，比如蚯蚓会帮我们松土，幼虫会变成美丽的蝴蝶等。

（二）幼儿园环境创设的具体思路

1.让幼儿园充满自然气息

幼儿园的自然气息可以无处不在，除了那些显而易见的、人们容易想到的地方（如植物区和动物区）可以散发自然的气息外，还有很多不容易察觉的地方也能实现自然要素多样化。比如幼儿园大门可以设计成动物或植物的造型，并装饰天然的花草植物；户外游戏器材可以采用圆木等天然材质；戏水池可以打造成小溪、瀑布等引流形式，模仿天然景象；道路铺装可以选用草坪、卵石、沙子等天然材料。下面就幼儿园一些重点区域或是难以加入自然要素的地方提出一些具体的策略。

（1）幼儿园室内环境。要想在幼儿园室内环境中引入自然要素，使幼儿园室内环境自然气息浓郁，是可以在幼儿园室内的活动室、睡眠室、盥洗室和走廊楼道这些区域实现的。

1）活动室。幼儿每天在幼儿园的主要活动都是在活动室进行的，幼儿天天与活动室的事物相处，所以活动室的环境布置很关键。可以从地面、墙面、桌子和玩具上入手，在地面、桌子的选材上，幼儿园必须选择天然的材料，如木头、竹子等；至于玩具，也能取材天然，比如从后山或是公园捡回来的木头块、石头菩提子、桃仁、松果等，在海边捡来的海螺、贝壳等。天然物品不仅能够给幼儿带来不同的感官刺激，发展幼儿的想象力和创造力，而且还可以体现教育价值，向幼儿展示大自然无限的生命力。

另外，还可以在教室的一个角落布置"季节桌"。在这个季节桌上，摆有各式各样的自然物件，有代表季节的植物、果蔬、种子、石头、动物玩具等，季节桌一般是按季节的变幻而更换，为幼儿展现了大自然的四季变化。也可以将季节桌的设计理念运用到墙面，使春季的迎春花、夏季的荷花、秋季的菊花和冬季的梅花随季节变化在墙面或桌面展现。同时，幼儿园教师还应重视让幼儿主动参与环境创设中来，教师在观察了解幼儿兴趣的基础上，师生一起交流并共同去收集材料，或者让幼儿自己收集材料，教师要允许幼儿将自己喜爱的材料带到教室，允许幼儿参与到幼儿园室内环境的创设中来。比如幼儿喜欢园内的落叶就让他自己去捡，幼儿喜欢将落叶带到教室，教师就允许他带到教室。

2）睡眠室。教师可以在睡眠室放置一些有助睡眠的植物，如薰衣草、薄荷、芦荟、吊兰、茉莉和伽蓝菜等，这些植物不仅能净化空气，提高幼儿的睡眠质量，还可以缓解室内干燥状况，起到加湿的效果。同时，要结合各班幼儿的具体实际情况，如有的幼儿对某一植物过敏，室内就不能添置这种植物，所以要慎用。还可以使幼儿园的床独具一格，设计出形态各异的床，如设计成本班幼儿喜欢的动物的形态，床采用天然的材料制作，散发出自然的气息，这样幼儿就喜欢睡眠室，他们待在睡眠室仿佛置身于童话故事里，比如幼儿玩过家家，想象自己是某种小动物，然后欢迎其他小动物来自己家里做客，这样幼儿不仅能融入游戏当中，也能在愉悦的情绪中尽快入眠。

3）盥洗室。幼儿还比较喜欢去盥洗室，因为盥洗室有水，幼儿可以在轻松愉悦的氛围下玩水。常见的盥洗室的水池，都是用不锈钢做的水龙头或是用瓷砖做的水池，给幼儿以冷冰冰的感觉。因此，可以将水池改良一番，水龙头可以用竹子、木头等天然材料制作，水池也可以做成小溪的样子，不一定做成方方正正的形状，池底可以用石板铺设。盥洗室的四周也可添置一些花花草草，让幼儿感受到生命的气息。盥洗室最好设计在朝阳的一面，保持通风和干燥，以免常年阴暗潮湿，影响幼儿的身体健康。

4）走廊楼道。走廊楼道是幼儿园室内环境中最具自然要素的地方，似乎很多幼儿园都注意到室内也需要增添一些自然的事物，但是单单放几盆盆栽在角落就够了吗？据调查，许多幼儿园在班级中摆放了各式各样的植物，可是几乎无人问津，幼儿园教师和幼儿都不关注，有的幼儿甚至不知道这些盆栽的存在，即使有的幼儿看到了，也对这些植物的品种和特点一无所知。比如幼儿园走廊摆放了含羞草，但是教师并未告诉幼儿这个盆栽就是含羞草，也没有告诉幼儿含羞草的特点，幼儿并不知晓一碰含羞草的叶子，它的叶子就会收缩，这对于幼儿来说是一个很有趣的现象。所以这就启示幼儿园教师，盆栽的摆放不仅要告诉幼儿，还要介绍这些植物的特点，这也是在贯彻改造幼儿园环境中引导幼儿积极与自然互动的总体建议。除了盆栽的摆放，幼儿园还可以在走廊墙面上下功夫，让幼儿和教师一起动手，参与制作，将代表自然界的东西，像落叶、贝壳等，制作成艺术品，在走廊的墙面上展览，这也是幼儿非常乐意做的一件事，幼儿做的时候兴致极高，应要充分利用这一点。

（2）幼儿园室外环境。

1）入口空间。幼儿园入口空间应当平坦开阔，让人一眼望去很舒心，大门应使用幼儿喜欢的元素，避免使用僵硬的、过于雕饰的、成人审美化的元素。在保证幼儿安全的前提下，幼儿园大门的造型设计要自然实用，比如把大门设计成动物或树木的造型，另外，幼儿园还可以结合幼儿的喜好，设计一些标志性的装饰，比如选用自然植物，将入口处做出拱廊和棚架的形状，或者是将卡通形象作为装饰元素绘制在大门和入口的墙上，使幼儿产生倍受欢迎的感觉。

2）游戏场地。游戏场地可以多采用一些圆木等天然材料制作的游戏器械，游戏场地的地面可以铺装小草、沙子和泥土等天然的材料。除此之外，幼儿园室外环境中的游戏场地，还可以设置沙地、戏水池和动物区。沙坑设置的注意事项有：第一，沙坑选择在幼儿园的向阳背风处，阳光可以给沙子消毒；第二，沙坑旁边多种一些植物，在夏季可以为幼儿提供遮阳之所；第三，沙坑的设计形式要多样化，单纯的一个沙坑不能满足幼儿多方面的需要，幼儿园可以为幼儿提供一个充满冒险趣味的沙坑游戏场地，比如在沙坑里横放几棵枯木，放置一条网子供幼儿攀爬等。

戏水池设置的注意事项：第一，戏水池的水深一般不超过30厘米，面积不宜超过50平方米；第二，戏水池的边角区域要进行处理，避免尖角刺伤磕伤幼儿，池底必须做防滑处理；第三，与沙坑一样，戏水池不应局限于长方形、正方形或者圆形，形式应多种多样。

幼儿创设体现自然魅力的戏水场所，应将戏水池设计成各种形状，设计成小溪、瀑布等天然形式，利用地势高低，将水引流而下，让幼儿聆听潺潺的流水声，感受自然的魅力，学习到水往低处流的知识。幼儿园不能因为怕麻烦，就抹杀了动物区对幼儿学习与发展的积极作用，因此笔者建议幼儿园要设置动物区，幼儿园设置动物区的注意事项：第一，先从卫生防疫考虑，小动物的笼舍应布置在常风向的下风方向，并远离教室和幼儿睡眠室；

第二，幼儿园要每天对动物区进行清理和检查，做好卫生防疫工作；第三，在动物品种的选择上，要选择性情温和、攻击性小的品种，如蝴蝶、小瓢虫、蜗牛、青蛙、乌龟、兔子、鱼类等。

2.让幼儿园"活"在自然之中

（1）幼儿园要有"活"的自然要素。一方面，幼儿园要发挥自然要素"活"的特性。在幼儿园中，不是投放几盆象征性的绿植、墙上挂满树叶、设置圆木做的游戏器材就可以了，这相对来说是静止的自然要素，没有发挥其"活"的特性。花卉的沁人心脾，流水的潺潺声，树木的摇曳身姿都是"活"的自然要素，体现了无限生机，让幼儿感受自然的生命力，这才是"活"的自然要素，要将自然要素的各种妙处发挥出来，实现其"活"的特性。另一方面，幼儿园环境中的自然要素的设置要不断变化。生命在于运动，环境只有不断变化，才能生生不息，幼儿园的环境不是一层不变的，要让幼儿生活在一个不断变化的自然环境之中。比如，前面提到的"四季桌"，要根据四季的变化不断更新桌上的自然材料，并不是置办一次就放任不管了。再如，考虑到一年四季的变化，想要幼儿园环境也随之变化，就可以从戏水池的设置入手，比如找到幼儿园较高处，顺势建一条流水槽，引水而下，溪床可以铺设碎石及卵石，夏天，幼儿既可以在这里玩水又可以捕虫、看花；冬天或是初春无水时，小溪的卵石河床会显露出来，幼儿可以在里面进行假装游戏等很多活动，形式随季节变化多样，让幼儿乐在其中，其乐无穷。幼儿园创设这样的自然环境就是"活"的自然，能够焕发无限生机。

（2）幼儿园各自然环境要相辅相成，互利共生。幼儿园中的各种自然要素不是孤立的，而是充满联系的，能够互相促进，发挥它们整体的教育功能。比如幼儿园的树木和幼儿园建筑并不是孤立地立在那，两者是可以相互联系的，幼儿园可以将教室围绕树木而建，使得建筑与树木宛若一体，幼儿还可以毫不费力地爬上树丫，体验爬树乐趣的同时坐在树上晒太阳，幼儿也可以坐在树上偷窥其他幼儿上课的情况，这样的环境就达到了阳光、树木等自然要素的相辅相成，达到了人、自然、建筑和谐相处。不仅仅是阳光空气、花草树木、虫鱼鸟兽这些不同类型的自然元素可以相辅相成，同一类型的自然要素也可以交相辉映。比如花草树木，可以充分利用它们的生长周期，使得幼儿园里各种季节花期的花草树木都有涉猎，这样幼儿园一年四季都有花开、都有绿树岂不乐哉，同时幼儿园教师还能帮助幼儿感知与学习植物的各种习性，让其作为幼儿娱乐和学习的一种基本资源。

（3）幼儿园要让幼儿融入自然当中。要让幼儿园活在自然中，就必须让幼儿融入自然之中，达到自然与人的和谐相处。幼儿园环境中让幼儿融入自然的形式有很多种，这里主要介绍两种形式，仅供参考。

1）种植蔬菜瓜果是一种幼儿融入自然的形式。幼儿园教师应尽量让幼儿不仅仅是眼睛看，还要自己去动手，在教师的带领下，亲自栽种、收割农作物，幼儿在亲自播种、浇水等的过程中，不仅能锻炼身体，还能亲身体会植物生长的过程以及学习到植物生长需要很多自然条件的知识。最后教师可以让幼儿尝尝自己种的瓜果蔬菜，更能让幼儿深刻体会到人类与大自然的密切关系，从而让幼儿对大自然产生极大的感恩之情。

2）灵活运用户外游戏场地也是一种幼儿融入自然的形式。幼儿园室外游戏场地不单只是给幼儿提供天然的游戏器材，更重要的是让幼儿亲近大自然。幼儿园教师组织幼儿户外活动可以风雨无阻，让幼儿亲身感受到晴天和风雨雪天的差异所在，是幼儿更亲密地接触自然的一种方式，丰富了幼儿对大自然的感知，激发了幼儿学习各种自然现象的兴趣。尽管幼儿会玩得满身泥沙，但这样真正的尽情玩耍对于幼儿来说才是弥足珍贵的。

综上所述，幼儿园要有"活"的自然要素，各自然环境要相辅相成，互利共生，要让幼儿融入自然当中，这样整个幼儿园就能够活在自然之中。

第五章　幼儿园工作管理

管理工作是一门艺术，幼儿园管理工作做得好与否，直接影响到幼儿园的发展与生存。本章重点探讨幼儿园保教工作管理、幼儿园总务工作管理、幼儿园卫生保健工作管理、幼儿园安全工作管理。

第一节　幼儿园保教工作管理

幼儿园的保教工作是幼儿园管理工作中的重要组成部分，是幼儿园管理的重点。幼儿园是针对 3～6 岁学龄前儿童实施保育与教育的机构，这就决定了保育与教育工作是幼儿园管理工作的中心与重心。幼儿园一日活动中的入园、盥洗、饮水、教学活动、户外活动、进餐、如厕、睡眠和离园各个环节始终关联保育与教育两大内容，且保教相互融合，不可分割。

一、幼儿园保育工作管理

（一）幼儿园保育工作的内容

保育在幼儿园工作中的重要性已不容置疑，同样保育对幼儿健康的保护和促进也早已引起了很多幼教界人士的关注。因此幼儿园在实施保教工作中如何科学地认识保育，有效地实施保育是一个值得研究的问题。所谓幼儿园保育，是指为幼儿提供生存、发展所必需的环境和物质条件，关爱、尊重幼儿，给予幼儿精心的照顾和保护，引导他们逐步增强生活能力、自我保护能力，树立安全意识，促进幼儿健康成长的工作任务。总体而言，现代幼儿园保育工作大致分为：①卫生消毒工作；②幼儿饮水工作；

③洗手如厕工作；④幼儿加餐工作；⑤幼儿进餐工作；⑥幼儿午睡工作；⑦安全工作；⑧做好登记工作。①

（二）幼儿园保育工作的实施

1.保育计划的制定

在幼儿园学期工作计划中，须有持续的保育目标、任务、措施和研究的重点，凡事先有计划，才能合理有序地实施。因此，要求教师在班级教育计划，月、周、日工作计划中有保育要求和内容，从而培养教师的保育观念和保障保育工作的落实，在一定程度上，也对保育工作者起到了指导的作用，促进了保育工作的有效性。同时，在学期保育工作结束后，也可根据最初的保育计划来总结本学期保育工作的成功与不足，从而为以后的保育计划的制定和实施打下良好的基础。

2.保育工作的措施

（1）营造包括物质环境和精神环境在内的良好的环境氛围。首先，根据幼儿身心发展的需要为幼儿提供合理的生活、学习所需要的空间与基础设施；其次，还要注重幼儿园人文环境的创设。在这样的环境氛围中，各种保育工作也更易于实施，保育员更易投入到工作中去，而幼儿也更易于接受。

（2）规范操作程序，严格落实保育工作计划。日常的保育工作是否落实到位是保证保育工作质量的基础。因此，必须切实落实既定的保育工作计划，规范操作程序。

（3）有针对性地实施保育工作计划和不同的保育措施。幼儿园中，每个幼儿的情况不同，不能实施完全一致的保育措施，

---

①张莅颖.幼儿园管理基础[M].保定：河北大学出版社，2012：105-141.

应当因材施保。

3.保育人员的培训

（1）促进保育人员思想的转变。在幼儿园管理工作中，有一种错误的倾向，即认为教育比保育重要，认为幼儿的智力开发、学习知识都是依靠教育，教育指标的量化和可测试性，也强化了这种倾向。因此存在着片面追求教育管理、忽视保育管理的做法。幼儿园的管理者和保教人员往往比较注重幼儿在教育上的种种需求，而对幼儿保育方面的需求则关注不够。因此，要正确认识幼儿园保育工作，以确保科学的幼儿园保育工作的顺利实施。

（2）加快保育人员职业技能的提高。由于保育人员相较于其他幼儿工作者来说，各方面的素质普遍偏低，因此，要加强保育人员的培训，促进其各方面能力的提高。保育员的素质提高了，把幼儿一日生活的各个环节都做好了，幼儿有了健康的体魄、良好的习惯，教师就能顺利地开展各项教育教学活动。

首先，要提高保育员的职业道德水平。要通过日常细致的观察，把保育员的一些有违职业道德或不适宜的行为详细地记录下来，在业务学习中组织他们进行案例分析、发表对事件的看法。在对保育员进行职业道德教育的同时，及时纠正一些不良行为，不断提高保育员的道德修养。

其次，提高保育员的合作意识与责任感，逐步引领他们积极配合教师完成班级的保教工作。

最后，有计划地分阶段对保育员进行系统的培训，从学前教育理论到保育技能，从普通话表达能力到活动的组织，都不能轻视。为了更好地配合教师开展教育活动，针对幼儿园教师的一些大型培训活动，保育员也应该一起参加。如，请保健老师针对保育工作实施中存在的问题及困惑进行培训、解答；请疾控中心人员针对传染病预防工作中的注意事项对全体教师进行培训；针对日常卫生消毒工作的细节操作进行经验交流分享；加强教师的保育技能培训，并进行保育技能测试等。

二、幼儿园教学工作管理

幼儿园教学工作管理是通过以下环节的管理来实现。

（一）幼儿园教材的选择

教材是由一定的育人目标、学习内容和学习活动方式，分门别类组成的可供学生阅读、视听和借以操作的材料。至今，我国还没有幼儿园教材编写的审定委员会，而《幼儿园教育指导纲要（试行）》的颁布标志着我国幼儿教育改革步入了新的发展阶段。随着教改的进一步深化，各种幼儿园教材层出不穷，幼儿园教材的编写、发行与具体选择随意性很大，各个地区的幼儿园采用的教材指导用于多种多样。个别师资水平较高的幼儿园选择了园本教材，有些幼儿园则选择了新教改后的新课程指导用书，而个别水平较弱的幼儿园仍选用旧教材指导用书，新旧教材的区别更多地体现在是否采用了主题教学的思路。近些年不同的教材研发机构所出版的针对不同领域的教材铺天盖地地进入幼儿园，这些教材更多地针对幼儿园教育的某一个部分，比如，专门针对蒙台梭利式教育的蒙氏教材，或者专门针对英语学习的教材等。

1.园本教材

"园本"源于"校本课程"一词，"校本课程"在1973年讨论课程的国际会议上被第一次提出，与此同时，英美等发达国家开始重视校本课程的开发，使校本课程成为国家课程之外的又一重要课程的生成策略。幼儿园园本教材的撰写基于幼儿园对幼儿教育理念的具体选择与幼儿园长期以来的教育实践，使教材更适合本园的实际。通常幼儿园的园本教材是在幼儿园原有的优秀课程方案的基础上，通过整合、创新建立的一套具有课程目标、课程内容、课程方法和课程评价的课程体系。

在园本教材的编制过程中应该注意以下方面：

（1）把本园教师和幼儿作为课程建构的主体。现在较多的幼儿园教育理念认为在教学过程中依托课程促进幼儿发展，在教师的引导下，实现幼儿的自主成长。因而在园本教材的编制过程中，教师与幼儿就成为课程设计的主体。幼儿是一个个发展中的个体，幼儿的发展是在活动中通过获得经验而完成的，而且幼儿活动的自主性是促进幼儿发展的主要因素。因此，教材的编制要更多地考虑到幼儿在自主活动中的发展，让幼儿成为课程的小主人，通过主动加入来完成自身的发展。

（2）把家庭、社区资源与园所需要相融合。幼儿生长的环境不只有幼儿园，家庭同样是影响幼儿发展的重要环境。在园本教材的编制与使用中，家庭与社区资源作为重要的补充资源可以为幼儿园提供更为广阔的思路。在教材的编制上，要注重园外教育资源与园本教育资源的开发与整合，寻求家、园、社区课程资源的最佳组合方式。这样才能够让幼儿主动学习自己感兴趣的、与生活贴近的课程。

（3）依据园所优势建立本园的课程特色。每个幼儿园在长期的发展过程中都有优秀成果保留下来，幼儿园在进行园本教材的编写中应注意采用本园的优势课程，对于经过实践检验后较为成功的活动设计方案应在原有的基础上加以提高。园本教材应重点放在"园本"上，这样才能使园本教材真正地体现出本园的文化特点与课程特色。

2.学科领域教材

作为幼儿园主要教材的补充，教育研发机构出版的学科领域教材，较多地在引进国外教育资源的基础上，进行进一步的本土化，形成适应我国幼儿园的学科教材。教材的具体选择权在幼儿园，幼儿园要选择适合园内幼儿的教材，要在多节演示课之后，视教学效果而定。

现阶段出现较多的是关于英语和蒙氏的教材。现在幼儿园出现了对英语教材的选用较为混乱的局面，原因是幼儿园对英语教材缺乏鉴别能力与家长对英语教材的期望值过高。以往幼儿园所用的教材多为教授简单的认识字母与发音；现在很多教育研发机构出品了全英教材，借用丰富多彩的多媒体教学，为幼儿提供英语学习环境，并通过更多好玩的游戏来吸引幼儿的兴趣。而蒙氏教材的选用也成为幼儿园的首选，但蒙氏教材在我国的出品还并不规范，很多教材只是照本宣科地体现一些操作的单一方面，并没有体现蒙氏教学的真谛，幼儿园更是在蒙氏教学风潮下，积极地选用自己也一知半解的蒙氏教材，这样做只是蒙蔽了家长，幼儿并没有得到真正的学习效果。在教材选择方面，幼儿园必须根据实际情况，选择适宜本园的教材。

（二）幼儿园教学大纲的制定

幼儿园的教学大纲包括教学目标、任务、教学内容、活动设计、环境布置和教学评价等诸多方面。幼儿园教学大纲的制定要以《幼儿园教育指导纲要》和《幼儿园工作规程》为依据，并结合每个年龄班级预设的年龄教育目标，针对五大领域进行教学目标的设计，确定好教学目标与任务后，根据幼儿身心发育特点设计循序渐进的、围绕幼儿生活的课程内容。针对不同的课程内容，教师要寻找最有利于幼儿理解的方式进行教授，教法的选择直接影响教学效果的呈现。因此，幼儿园教学大纲的制定是一套步步紧密相连的体系。

（三）课程表的编制原则

幼儿园编制课程表模板时，要从本园特点出发，全面考量本幼儿园课程目标、课程内容、课程实施与课程评价等多个方面，以期望通过课程表的合理编制达到幼儿园预期的教育效果。其中幼儿园的课程目标与课程内容是幼儿园编制课程表模板的主要依据。幼儿园的课程目标是对幼儿在一定学习期限内的学习效果的预期，是幼儿园教育目的的具体化，这里所说的课程目标在课程表的编制中更多的是指被具体化了的年龄阶段目标。根据幼儿年龄的不同，幼儿园的课程目标也是不同的，其在课程表的编制中体现在每门课程的安排顺序是连贯而循序渐进的。根据幼儿园的课程内容编制各个年级课程表模板主要体现在幼儿园对于具体课程的设计具有主题性和渐进性，以教学周计划的形式体现。因此，幼儿园课程表模板的设计是以幼儿园课程目标依据，使幼儿在动静结合的原则下，把课程内容根据以渐进性的周计划的形式、对不同年龄的班级制定出符合该年龄幼儿特点的课程表模板。

班级教师根据幼儿园的课程表模板，编制具体的课程表时，应遵循以下原则。

（1）适应性原则。

第一，课时时长要适应幼儿生理特点。结合幼儿的生长生理特点，小班、中班、大班幼儿集中精力的时间不同，小班幼儿每节课时安排在 15 ~ 20 分钟为宜，中班控制在 20 ~ 25 分钟较好，大班幼儿处于幼小衔接的年龄，上学期课时可以安排在 25 ~ 30 分钟，下学期可有意延长五分钟左右的时间。

　　第二，上课时间应适应幼儿的身心特点。具体表现为要使教育活动穿插于游戏活动和生活活动之间，适应幼儿喜欢变化性的活动特点。通常夏季上午的教育活动时间安排在早操之后，大概十点左右，冬季则可安排在早饭之后；而下午的教育活动时间安排在午睡之后，大约是三点半左右。上午的课程要安排需要幼儿集中精力的活动，如数学活动或科学活动；下午可安排音乐活动或美术活动。

　　（2）动静结合原则。教师在安排一日教学活动时，每天的课程最好做到有静有动，动静结合，如上午教师安排了数学活动，下午可安排音乐活动。这样可以合理释放幼儿的游戏天性，幼儿能够更好地在活动中体验新的思维方式与活动方式，使幼儿在教学活动中收获较好的效果。

三、幼儿园保育与教学的关系

　　幼儿园的教学工作和保育工作是幼儿园工作的两个重要方面，两者相辅相成，相互促进，缺一不可，共同促进幼儿的身心发展。保育工作是针对学龄前幼儿自理能力较弱这一特点，在幼儿园教育中所特有的工作。保育工作中处处存在教育契机，而教育教学工作中也需要保育工作的积极配合。要做到真正的保教结合，幼儿园在保教工作管理中还需要从以下方面入手。

（一）两教一保，保教轮岗制度

每个班级配备的三名教师不分教师岗还是保育员岗，只区别教师班和保育员班，即只分工作不分性质。三个教师每人一天保育员班，这样教师与保育员的工作能够更加协调，教师在上保育员班时可以更好地从教育的角度来观察幼儿。三名教师通过自身对教育与保育工作的体验，能够更好地了解在配合其他教师时需要做的工作，使班级工作开展得更加和谐、有序。这样的工作安排对幼儿园的师资配备就有了更高的要求，以往保育员通常在文化素质上都稍弱于教师，但换班制度下，要求三名教师都有能力带班授课，这就对教师的招募提出了更高的要求。

（二）严格教师与保育员的工作职责

根据幼儿的一日常规，进一步细化教师与保育员的工作职责。幼儿的入园、盥洗、如厕、喝水、进餐、午睡、教育活动、户外活动和离园各个方面都要对教师与保育员进行职责要求，使教师与保育员在实践中形成良好的工作程序，并根据职责的划分制定教师与保育员的评价机制，每月可由教师推荐，在园务会上评选出工作出色的优秀保育员，进行奖励；再由保育员推荐，在园务会上评选出工作较好的优秀教师，同样进行奖励；保教人员的工作经验可以在园务会上进行分享。这样不仅在实际工作中更好地促进了保教结合，还提高了班集体的荣誉感和凝聚力，加强了教师与保育员的合作，从而全面提高保教工作水平。

（三）加强宣传，重视保育工作

通过家长会、家长开放日等活动向家长宣传科学的保育知识与教育理念，使家长们了解教育与保育工作都是幼儿园工作的重点。保育工作不只要做到保护幼儿身体正常发育，还要做到能够促进幼儿个性发展和社会适应能力的提高；保育工作不仅仅要关系到安全与卫生，还要进一步实施到教育过程中的生理、心理和社会保健。幼儿园可以向家长说明保育工作的性质，保育员不只是一名徘徊于幼儿一日活动之外的旁观者，而是一位能与幼儿一起玩，在工作中观察幼儿、指导幼儿，并能够与幼儿和家长进行积极沟通的教育者，大力营造"保教并重"的幼儿园文化氛围，加快转变保教思想，提高保育员的地位，肯定保育员的工作价值。

第二节 幼儿园总务工作管理

一、幼儿园的财务管理

随着我国市场经济的发展，幼儿园的财务管理较计划经济时期更加复杂和自主，这就要求幼儿园管理者必须了解财务管理工作的规律。

（一）幼儿园财务管理的内容

幼儿园财务管理的内容主要包括以下方面：

第一，合理分配资金。提高资金利用效率是财务管理的根本任务之一，幼儿园的各项工作对资金的需求不平衡，幼儿园管理者在支配资金时应本着照顾重点、兼顾一般的原则，将有限的资金合理分配，以确保幼儿园稳步、全面的发展。

第二，健全财务制度。要使幼儿园财务管理有章可循、合理支出，必须建立和健全财务制度，如各项经费入账制度、报销制度、财务和出纳制度等。财务制度既要严格，又要合理；既要相对稳定，又要根据实际情况对不同的经济活动采取不同的监督方式。

（二）幼儿园财务管理的注意事项

随着幼儿园经营活动的增加，幼儿园财务管理人员必须学习财务管理知识，使有限的资金发挥最大的效益。因此，幼儿园财务管理工作中应注意以下事项。

第一，处理好收入与支出的平衡。每年搞好预算、决算，分析收入与支出的情况，不断总结收支平衡中存在的问题，积极探索幼儿园经费的使用特点，摸索出幼儿园资金分配和运用的规律。

第二，处理好收入与产出的关系。幼儿园的投入即保教成本，产出即保教成果，很多保教成本不可计量，幼儿园财务管理者要注意努力挖掘教育资源的潜能，使其发挥最大的效能，以尽可能小的投入获得最大的效益。

二、幼儿园的档案管理

（一）园务管理档案

1、管理体制档案。管理体制档案比较宏观，政策性较强，主要包括园长负责制实行情况及所形成的资料信息，园务委员会、家长委员会等工作机构的各类资料，以及幼儿园实施民主管理的系列资料等。

2、财产管理档案。财产管理档案是幼儿园对现有的各类财产登记造册，并对各种物资的分配和发放进行记录，同时对账目的检查公布资料及时整理归档而形成的资料库，便于幼儿园财产的检查和验收。

（二）保教工作管理档案

1、教育教学常规管理档案。教育教学常规管理档案主要包括园长对教育教学的检查和指导情况，每周对教师备课笔记、教育笔记、反思日记进行的批阅或指导；公共活动场地、专用活动室的使用安排，教师对个别幼儿的教育过程等。

2、卫生保健工作管理档案。卫生保健工作管理档案主要包括幼儿园卫生保健制度的落实情况，对幼儿的健康检查、分析、矫治等情况，幼儿生活用具消毒情况，幼儿营养、膳食调整情况，幼儿案例教育、计划免疫、传染病处理情况等。

第三节　幼儿园卫生保健工作管理

幼儿园的卫生保健工作管理关系到幼儿的身心健康和安全成长，不仅任务重大，而且头绪繁多，几乎涉及幼儿园的每一名工作人员。作为管理者，可以从幼儿园的卫生工作和幼儿园的保健工作两个方面去统筹管理。

一、幼儿园卫生工作管理

（一）幼儿园卫生工作的主要内容

幼儿园应主要做好以下卫生工作。

第一，创设良好的生活环境。幼儿时期是人体生长发育的重要时期，幼儿园是幼儿生活和活动的主要场所，幼儿园所提供的环境和物质条件，直接影响着幼儿的身体健康，能够促进幼儿的健康发展。因此，幼儿园应充分地利用现有的经济条件，因地制宜，为幼儿创设良好的生活环境，园舍、场地、设施等要符合安全、卫生和教育的要求，给他们提供一个适宜幼儿生长的生活环境，如有足够的室内活动场地空间、光线充足、通风干燥；幼儿的玩教具要符合卫生安全标准，无毒无害，盥洗设备要符合幼儿身材，达到卫生标准，并保持好房屋设备的清洁等。

第二，制定科学的生活制度，养成良好的卫生习惯。生活制度是指科学地安排一日生活中主要活动的顺序和时间，幼儿园应参照教育行政部门和卫生部门指定的卫生保健制度，根据幼儿的年龄特征，地区、季节特点，科学合理地安排幼儿的作息，使幼儿生活有规律、有节奏，劳逸结合，促进幼儿身心的健康发展，向幼儿传授基本的生活卫生知识，使幼儿养成良好的卫生行为习惯。[①]

（二）幼儿园卫生工作的组织管理

幼儿园的卫生工作管理在幼儿园管理中具有重要的地位，要做好幼儿园的卫生管理工作，必须建立一个统一的领导组织，调动各方面的力量，协调各方面的工作，以保证幼儿园卫生工作的管理效率，保障幼儿园工作的顺利进行。幼儿园一般应由园长或一名副园长主管卫生工作，严格按照《幼儿园卫生管理制度》安排实施幼儿园卫生工作。同时，为了搞好幼儿园的清洁卫生工作，幼儿园还应成立由主管园长、医务人员、保教人员、勤杂工代表等组成的卫生领导小组，定期研究卫生工作，定期检查评比，密切与当地爱国卫生运动委员会联系，切实搞好幼儿园的环境卫生和个人卫生。

---

①张莅颖.幼儿园管理基础[M].保定：河北大学出版社，2012：105-141.

二、幼儿园保健工作管理

（一）幼儿园保健工作的意义

幼儿园保健工作是幼儿园管理中重要的组成部分。幼儿生长发育迅速，身体发育尚未完善，其行为习惯和个性也在逐步形成；身体和心理的可塑性大，容易受到伤害；适应环境能力和对疾病的抵抗力不强，容易感染疾病。因此，幼儿园必须通过制定合理的生活日程，均衡膳食，定期进行健康检查和体格锻炼，才能保证幼儿身心正常发育和健康成长。

（二）幼儿园保健工作的任务

幼儿园保健工作的根本任务是在集居的条件下保障和促进婴幼儿的身心健康，既包括身体保健也包括心理保健。幼儿园的保健工作要做到卫生工作、保健工作和教育工作三者的有机结合，主要内容如下。

（1）建立合理的一日生活制度，做到动静交替，室内外平衡。

（2）培养幼儿形成良好的卫生生活习惯、健康的适应性行为及良好的道德品质。

（3）提供合理膳食，保证幼儿身体发育和活动所必需的营养。

第四节　幼儿园安全工作管理

一、保证幼儿的生活安全

注重一日生活各环节的安全，保证幼儿高高兴兴来园、平平安安回家。

（一）组织幼儿活动

教师在制订教育计划、设计教育活动时，既要注重幼儿的整体发展，又要注意幼儿的安全。

（1）组织丰富多彩的活动，让幼儿进行身体、心理等方面的锻炼和学习，避免为了安全而过多地限制幼儿活动，要让幼儿在幼儿园里感到安全、快乐和温暖。

（2）每次活动前要做好充分的准备，向幼儿说明活动的具体注意事项，加强幼儿活动的常规培养，形成和谐有序的环境氛围，避免活动中出现意外伤害。

（二）发现问题及时处理

保教人员应注意幼儿在一日活动各环节中的安全，仔细观察、准确预见，发现危险因素及时作出果断处理。

（1）随时检查幼儿身上是否带有玻璃球、黄豆、小石子、小钉子等物品，避免幼儿误将其放入耳、口、鼻中，造成意外。

（2）组织幼儿活动前要检查活动器械和场地是否安全，清除地上的砖头、石子、碎玻璃、树枝等；检查幼儿着装是否符合要求，帮其挽起过长的裤脚、系好鞋带等。

（3）水、饭、菜等都要等降温后再端进教室，避免烫伤幼儿；幼儿蒙头睡觉时可能在玩弄物品，保教人员要加强注意力并及时制止，以免发生意外。

二、加强幼儿安全教育

第一，园内安全制度教育。要让幼儿了解幼儿园的常规安全制度，经常性、多渠道地教育他们遵守各项条文，帮他们养成安全生活所必需的行为习惯和正确态度。例如，在幼儿园不得随便离开自己所在的班级，运动、游戏中要遵守活动规则；在公共场所要听从家长或老师的指挥，不能擅自离开群体，上下楼梯不要拥挤等。

第二，交通安全教育。幼儿园要通过各种形式指导幼儿认识常见的交通标志，掌握交通规则，遵守公共交通秩序，以免发生意外。例如，行走时要走人行道，过马路时要走人行横道；不在马路上或停车处玩耍、踢球等；乘车时要扶好坐稳，头、手不能伸出窗外；幼儿园内上、下楼梯靠右走，不要拥挤等。

第六章 基于组织机构的教师情绪管理探索

情绪管理通常被看作是个人管理的研究范畴，然而其在组织管理中的重要价值同样需要全面审视。本章主要探讨幼儿园组织气氛与幼儿教师情绪劳动的关系、幼儿教师情绪管理系统构建的总体思路、建立幼儿教师情绪管理系统的组织机构、制定幼儿教师情绪管理系统的规章制度、落实幼儿教师情绪管理系统的具体措施。

第一节　幼儿园组织气氛与幼儿园教师情绪劳动的关系

一、幼儿园组织气氛的界定

幼儿园组织气氛是指不同幼儿园之间相互区别的一种持久性的内部心理特征，这种特征在园长与教师的长期交互影响下形成，影响着组织成员的行为，是组织成员对组织环境具体的感知，能通过成员的感知觉来描述与测量。幼儿园组织气氛涵盖服务、文明、道德、竞争等内容，它是影响教师专业发展、教师教学效能感和心理健康的重要因素，以开放型和封闭型气氛为主要类型，具有相对稳定的包括园长支持行为、园长监督行为、园长限制行为、教师敬业行为、教师亲密行为、教师疏离行为在内的六维度结构，其中对各维度定义如下。

（1）园长支持行为：园长对教师工作及日常活动的鼓励行为。

（2）园长监督行为：园长对教师工作及日常活动的监察行为。

（3）园长限制行为：园长对教师工作及日常活动的管制行为。

（4）教师敬业行为：教师对工作及日常活动的积极行为。

（5）教师亲密行为：教师与教师之间的正向相处行为。

（6）教师疏离行为：教师与教师之间的负向相处行为。

二、幼儿园教师情绪劳动的界定

幼儿园教师情绪劳动主要包括表层扮演、深层扮演和自然表现这三个维度，其中对各维度的定义如下。

（1）表层扮演：当教师的情绪与表达规则不同时，教师只调节外在表情，而没有改变内在情绪。

（2）深层扮演：教师调节外在表情与内在情绪，以符合组织情境要求的表达规则。

（3）自然表现：教师个人情绪与组织情境要求的表达规则相一致。

三、幼儿园组织气氛与幼儿园教师情绪劳动关系的研究意义

（1）为幼儿园管理者进一步改善幼儿园组织气氛提供借鉴。首先，有助于幼儿园管理者更好地了解和认知幼儿园组织文化，进一步促进幼儿园组织气氛类型由封闭型向开放型的转化。其次，深化幼儿园管理者对组织气氛重要性的认知程度，和谐良好的组织气氛对教师的心理与行为产生着积极影响，促进教师专业发展。最后，幼儿园管理者的职责之一就是建立和谐良好的幼儿园组织气氛，幼儿园组织气氛与幼儿园教师情绪劳动关系的研究，在一定程度上为园长营造和谐良好的开放型幼儿园组织环境提供了借鉴。

（2）为幼儿园管理者切实关注教师情绪劳动提供参考。通过分析幼儿园教师情绪劳动现状以及情绪劳动与组织气氛之间的关系，可以提出改善幼儿园组织气氛的相关建议。

从教师角度，有利于幼儿园教师正确认知和看待自身在工作中的情绪，为其进行相应的情绪管理和输出积极恰当的情绪劳动提供参考。

从幼儿角度，教师正确且正向的情绪劳动可以让师幼关系更为和谐融洽，优化园所组织气氛与教师情绪劳动能为幼儿营造良好的教育环境，有利于幼儿的健康成长。

从管理者角度，能为园长切实关注教师情绪劳动提供参考，使得幼儿教师队伍更加稳定，提升幼儿园教师队伍的管理效率。

四、幼儿园组织气氛与幼儿园教师情绪劳动关系的改善策略

幼儿园教师在工作中需要付出高强度的情绪劳动，幼儿教师在与幼儿交互中的行为表现和状态表现会直接影响幼儿的身心健康发展。因此，如何提高幼儿教师情绪劳动的水平至关重要。通过探究幼儿园组织气氛对幼儿园教师情绪劳动的影响，有利于找到提升幼儿教师情绪劳动水平的切入点，为幼儿教师情绪劳动的行为状态提供参考与借鉴。

园长提高幼儿园的整体水平与保教质量，努力为幼儿创造良好的成长环境，不仅能为幼儿的教育提供保障，也有利于教师自身的专业化发展。幼儿园组织气氛影响着幼儿园教师情绪劳动，也影响着教师专业发展水平，同时，园长关注和提高幼儿园教师情绪劳动的水平有助于构建良好的幼儿园组织气氛，因此提出以下建议。

（一）管理者应尽量采取柔性管理手段

幼儿园组织气氛中的园长支持行为与幼儿园教师情绪劳动具

有显著相关性，且园长支持行为对教师情绪劳动有正向的预测作用。所以，落实到幼儿园日常实践与管理中，管理者必须要增加园长支持行为，增加园长对教师的鼓励及关怀，使管理充满人性化、民主化。幼儿园管理者应当注重园长支持行为的作用，采用互相尊重、互相沟通等一些柔性管理方式，不要简单依靠严格的规章制度来限制监督教师的工作。

在幼儿园日常管理实践中，园长应当以教师为中心，帮助教师树立"主人翁"意识，改进对教师的管理方式，采用沟通、信任、引导、促进等人性化管理，为教师创造民主和谐的工作氛围。此外，园长要学会倾听教师心声，了解教师需求，关心支持教师工作，多给予教师能够自由支配的时间以及活动空间，不应分配过多的硬性任务和硬性标准去束缚教师的发展，尽量让教师能专注于幼儿园的日常保教工作，帮助教师实现自身价值，促进教师提高专业发展。

（二）管理者应切实关注教师情绪劳动

通过分析幼儿园组织气氛现状和教师情绪劳动现状以及二者之间的关系，园长应认识到创设良好园所组织气氛的重要性的同时，切实关注教师情绪劳动，将二者相结合。这是因为在我国高情绪文化的背景下，组织环境及组织文化对教师个人影响非常大，管理者必须付出相应努力来营造良好园所文化与环境，同时要兼具人本关怀，不能敌对和忽视教师的情绪劳动。

首先，园长应当重视幼儿园组织气氛的创设，这种创设应让全员参与，建设良好的组织环境，让每一位幼儿教师去认同所在幼儿园的组织氛围，去明晰自身所担负的责任，从而将情绪法则内化于心，加强对自身情绪劳动的管理，力求组织价值观与个人价值观的统一，减少表层扮演，增加深层扮演和自然表现的使用。

其次，园长应坚持正确价值观的引领，多给予教师支持和鼓励，坚决避免专制，减少监督行为的频率，帮助教师树立在幼儿园的主人翁意识，增加教师畅所欲言的机会，避免带给教师不必要的心理困扰和不良示范，才能让教师更好地输出正向积极的情绪劳动。

最后，园长应注重和尊重教师的个体差异，幼儿教师情绪劳动各维度在教师工龄、收入水平、婚姻状况、学历背景、任教年级上是存在显著差异的，因此必须有针对性地对个别教师进行支持和关注。

（三）管理者应注重营造开放型组织气氛

幼儿园管理者应认识到良好的组织气氛是提升教师情绪劳动能力的关键，要致力于营造开放型的幼儿园组织气氛。教师敬业行为能够显著地正向预测幼儿园教师情绪劳动，教师疏离行为对幼儿园教师情绪劳动起到显著的负向预测作用。因此，营造良好和谐的幼儿园组织环境应当从多角度、多方面入手。例如，管理者可以采取相应的激励方式与手段，确定幼儿园全员共同的目标，支持教师自由发表意见，倡导教师之间的合作，让教师在幼儿园找到"家"的归属感，要用平等友爱、团结互助的人际关系去激发教师工作的热情与积极性。幼儿园管理者在营造开放型组织气氛的同时，要认识到组织气氛能够影响教师的心理与行为，良好组织气氛对幼儿园教师专业发展起到关键作用。管理者的任务之一就是营造良好和谐的幼儿园组织气氛，良好和谐开放型的工作氛围有利于教师输出积极正向的情绪劳动。

（四）管理者应认识到组织气氛对教师专业发展的重要性

幼儿园组织气氛影响着幼儿园教师的专业发展、工作绩效及工作行为，与教师工作满意度密切相关，是教师教学效能感以及身心健康的重要影响因素。组织气氛作为幼儿园教师心理认知和可能性行为的出发点，良好的幼儿园组织气氛对教师专业发展有着直接或间接的积极影响。幼儿园教师专业发展应该提倡从整体性、情境性、联结性的角度出发，不应只注重理论，因此，园长在日常管理中应当认识到组织气氛对幼儿园教师专业发展的重要作用，要强调社群环境以及认识到组织气氛的重要性，这样才能够提升教师工作绩效和促进组织目标的完成。幼儿园管理者积极营造正向与开放型的良好幼儿园组织气氛，不仅能促进教师自主专业发展，更有助于提升幼儿园的整体发展水平以及丰富完善幼儿园组织文化，让教师倍感温暖的同时为幼儿提供更加适宜的成长环境。

第二节 幼儿教师情绪管理系统构建的总体思路

在组织管理中，情绪管理是无法忽略的既定存在的事实，但这也正是人们所忽视的事实。将幼儿园组织管理和情绪管理相结合，是对情绪管理研究的进一步拓展和深化，探索幼儿园组织如何对幼儿教师的情绪进行管理，有利于丰富情绪管理的理论研究。

一、幼儿教师情绪管理相关概念界定

（一）幼儿园组织的界定

所谓组织，是指将两个或两个以上人的行为或各种力量有意识地进行调整的系统，即认为组织是一定管理活动得以实施的载体，是一种相对稳定的系统，是为了实现某一共同目标而由若干个人组合而成的大大小小的系统。当代管理科学从动态管理的角度出发，将组织界定为通过合理配置人力、物力和财力以及和各种任务与活动之间的关系，以有效实现共同目标和任务的过程。本书采用第二种概念来界定幼儿园组织，将其视为一种动态管理过程，即为了实现幼儿园的共同目标和任务，管理者合理配置人力、物力、财力资源及其和各项任务与活动之间的关系的过程。

（二）情绪管理的界定

情绪管理是个体和群体对自身情绪和他人情绪的认识、协调、引导、互动和控制，充分挖掘和培植个体和群体的情绪智商、培养驾驭情绪的能力，从而确保个体和群体保持良好的情绪状态，并由此产生良好的管理效果的一种管理手段，将情绪管理视为个体和群体的管理活动。①

因此，根据管理范围，情绪管理可以分为个人情绪管理和组织情绪管理。从个人角度来看，情绪管理是个体通过对自身的情绪和他人的情绪进行管理，使自己保持积极的情绪状态，并通过自身的情绪感染他人的一种管理活动。从组织角度来看，情绪管理是为了使组织内部成员的情绪保持积极、稳定的状态,营造和谐的工作氛围，管理者运用多种方法、采取多种途径，增强与成员的情感联系和思

①陈学敏.幼儿园组织视角下教师情绪管理的问题及管理系统构建[D].呼和浩特：内蒙古师范大学，2020：37-58.

想沟通，了解和满足成员的心理需求，最大限度地消除负面情绪或情绪波动及其可能造成的影响的一种管理方式。

从幼儿园组织视角界定情绪管理，可以具体解释为：幼儿园管理者在管理中采取多种方法和途径，对教师的情绪进行认识、协调、引导、互动和控制，最大限度地消除负面情绪或情绪波动及其可能造成的影响，并由此产生良好的管理效果的一种管理手段。

（三）情绪管理系统的界定

系统是物质存在的形式，也是人类社会和人自身存在的形式。系统在《新语词大词典》中的解释为：由相互联系的某些要素组成的具有特定功能的整体，它是现代科学的一个重要概念。《社会科学大词典》中指出：系统是具有一定结构和功能的有机整体，它由几个相互联系、相互作用的要素组成。一个系统可以囊括多个小的相互联系的子系统，同时，它又被包含于更大的系统之中。

因此可以将幼儿教师情绪管理系统界定为：幼儿园管理者在计划、实施、检查和总结四个环节中采取多种方法和途径对教师情绪进行管理，为产生良好的管理效果而形成的由组织机构、规章制度和具体措施等组成的全方位、多层次的有机整体。幼儿教师情绪管理系统是与幼儿教师情绪问题有关的组织架构、规章制度和具体措施等组成的联合体，是为预防事故、控制风险而形成的一种运作机制。幼儿教师情绪管理系统将预防、控制、管理融为一体，旨在促进幼儿教师积极健康地开展教育教学活动，减少不良事件的发生。

二、幼儿教师情绪管理系统构建的思路

幼儿教师情绪管理系统构建的总体思路将围绕幼儿教师情绪

管理系统应该如何构建,以及构建的理论依据和现实依据进行阐述。

(一)构建情绪管理系统的总体思路

幼儿教师情绪管理系统由外部保障和具体措施两部分构成,立足于幼儿园组织视角,集预防、控制和管理为一体。通过建立情绪管理的组织机构、制定情绪管理的规章制度,为幼儿教师情绪管理创设良好的工作环境,给幼儿教师情绪管理工作的开展提供保障。这部分为情绪管理工作实施的外部保障。通过提高管理者对情绪管理的认识,做好情绪管理的计划,完善情绪管理的实施过程,加强情绪管理的检查和总结工作等具体措施,落实情绪管理工作。这部分涵盖了管理过程的四个阶段,并与情绪管理的过程相交织,构成了落实情绪管理工作的具体措施。

幼儿教师情绪管理系统是一个循环过程,其运行流程依据管理过程理论,在组织机构和规章制度的保障下,按照"计划—实施—检查—总结"的顺序不断推进,一次工作的完成不代表整个情绪管理工作的完成,而是推动下一个周期工作的开始,不断提升情绪管理工作的质量,促进幼儿教师保持积极的情绪状态,推进幼儿园的科学管理。

(二)构建情绪管理系统的依据

构建情绪管理系统并不是凭空想象的,而是建立在一定的理论依据和现实依据之上的。基于幼儿园管理理论、情绪管理理论和系统论,将相互关联和相互作用的各要素结合起来形成有机的整体,更好地发挥各部分对于情绪管理工作的促进作用。基于目前幼儿园组织视角下教师情绪管理存在的问题及原因等现实,可知过多的外部管理仅仅能够起到约束作用,从教师内部心理的关怀出发，更能解决目前问题。

首先，幼儿教师情绪管理系统以幼儿园管理理论为基础进行构建。从幼儿园组织视角出发，以管理过程理论为指导，将幼儿园的情绪管理工作分为"计划、实施、检查、总结"四个基本环节，每一个环节都不是孤立存在、机械运转的，相反，前一过程的实现为后一过程的开始打下基础，通过每个环节的有机结合，推动幼儿教师情绪管理的螺旋式前进和上升。

其次，幼儿教师情绪管理系统以情绪管理的相关理论为依据。结合学界对情绪管理的相关研究与界定，幼儿教师情绪管理系统以情绪智力理论和情绪调节理论为指导，通过幼儿园管理者在管理中采取多种方法和途径，对幼儿教师的情绪进行认识、协调、引导、互动和控制，并由此产生良好的管理效果。

最后，系统是由相互关联、相互作用的各要素结合而成的、具有特定功能的有机整体，它不断与外界环境进行物质、能量和信息交换而维持一种稳定、有序的状态。由此可见，系统是由要素组成的，而这些要素按照一定的结构和功能组成有机整体，之所以称之为系统是因为其能发挥单个主体不能达成的作用，且能够实现整体的目标。因此，构建幼儿教师情绪管理系统遵循着整体性原则，是以组织机构为中心，充分调动各级各部人员的积极性，按照规章制度、采取相应的方法，以期实现情绪管理的目标。由此可见，构建系统的目的在于能够最大限度地发挥部分之和大于整体的作用，使各部分并不是东拼西凑和单打独斗，而是浑然一体和缺一不可。

情绪管理系统是以幼儿园管理理论和情绪管理理论为理论依据，遵循着整体性原则，由组织架构、规章制度和具体措施等具有特定功能的部分组成，按照一定的机构组成相互关联、相互作用的有机整体，以实现情绪管理目标、提升情绪管理质量。

第三节　建立幼儿教师情绪管理系统的组织机构

组织存在的意义在于通过维持一定人群的内部关系而实现相应的任务目标。幼儿教师情绪管理系统的组织机构是实施情绪管理的运行机构，是情绪管理工作得以有效运行的保障。根据目前我国幼儿园的实际状况，多数幼儿园还没有设立专门的情绪管理的组织机构，也没有相关的工作岗位的责任人，长此以往，情绪管理工作难以进行细化和深化。情绪管理系统的组织机构将从组织机构设置和人员配备与职责两部分着手构建。

一、幼儿教师情绪管理系统的组织机构设置

幼儿园的组织机构大小取决于组织中人员数量的多少，但不管组织机构规模怎样，都发挥着维持幼儿园工作正常开展和目标实现、提高工作效率的作用。同样，情绪管理系统的组织机构建立的意义也在于较好地实现情绪管理的目标、为每个教职工的生存和发展提供条件，通过组织文化激励不断提高教职工的工作热情。

建立幼儿教师情绪管理系统的组织机构是全园性的活动，要根据幼儿园的实际情况设立相关职位和职责。情绪管理工作是上至园长、下到幼儿教师的全园性工作，应该充分调动各方面各人员的积极性，鼓励他们参与到情绪管理的队伍中来，建立园长总负责、副园长、保教主任、情绪管理专家、人事管理委员具体抓、各联络小组为骨干、全体教师一起动的情绪管理组织机构体系。根据管理结构的理论与实践，正立三角形的管理结构最为稳定，

情绪管理系统的组织机构由四层组成。

决策层：园长。

管理层：副园长、保教主任、人事管理委员、情绪管理专家。

执行层：小班组联络员、中班组联络员、大班组联络员。

操作层：小班各班级联络员、中班各班级联络员、大班各班级联络员。

二、幼儿教师情绪管理系统的人员配备与职责

设置组织机构的目的在于使各个岗位的人员能够各司其职、分工协作，最后实现情绪管理的总目标。根据每一级情绪管理的相关部门的工作性质和要求的不同，配备相应的管理人员，明确各岗位人员的职责，使管理做到精细化，从而提高情绪管理的工作效率。

（一）情绪管理系统的决策层

情绪管理的决策层，由幼儿园园长把关做好情绪管理工作的统筹规划。在我国幼儿园实行园长负责制，即幼儿园工作由园长统一领导，在民主管理和科学管理的基础上发挥园长的领导作用。幼儿园的情绪管理工作的组织机构和规章制度的建设与运行由园长统筹管理，协调组织机构内各成员之间的关系，同时负责协调各项情绪管理工作计划的制定、实施、检查和总结。

（二）情绪管理系统的管理层

情绪管理的管理层，以副园长为组长，带领保教主任、人事管理委员对幼儿教师的情绪进行管理，此外，聘用相关情绪管理专家作为情绪管理的顾问。保教主任在幼儿园负责教师的保育和教育工作，与各幼儿教师的联系也最为密切，深知幼儿教师在教

学上的需要与成长的需要。在情绪管理工作中，保教主任作为上传下达的重要枢纽，能够切实地站在教师的角度思考问题，同时将教师的需求传达给决策层，做好"情报工作"，讲好教师的故事。情绪管理专家是幼儿教师情绪管理的顾问，其职责在于在整个情绪管理工作中引领情绪专业成长、普及情绪管理知识、传授情绪管理方法、解决情绪管理问题。同时，协助决策层的各项管理工作，负责制定情绪管理工作的方案，为幼儿教师的情绪管理活动出谋划策，承担幼儿教师的心理咨询和情绪疏导工作。而人事管理委员也要有情绪管理的意识，帮助幼儿园在招聘环节就甄别出情绪管理能力高的幼儿教师，合理配置适合每位教师情绪能力的工作岗位。

（三）情绪管理系统的执行层

情绪管理的执行层，由各年级组联络员负责，联络员可以从各年级组组长中选出，也可从情绪管理能力较强的幼儿教师中选出。联络员的职责在于负责年级组各教师的情绪管理，识别和发现教师的情绪，及时地进行沟通和疏导，反映教师的合理诉求，最终形成情绪管理的培训和活动需求，并向上级反映情况，作出相应的调整。

（四）情绪管理系统的操作层

情绪管理的操作层，由各班组联络员负责，联络员可由班级的主班教师负责，同时配班教师要辅助主班教师。主班教师经验丰富、资历较老，能够观察到配班教师的情绪，同时配班教师要辅助主班教师，形成情绪沟通小组，进行提醒和监督，在有难以解决的情况时及时向上级汇报。

第四节　制定幼儿教师情绪管理系统的规章制度

幼儿园的规章制度是为了实现幼儿园的管理目标，对幼儿园的各项工作进行规范，对幼儿教师的行为进行约束的各种规则、章程和制度的总称，是幼儿园各部门必须遵循的行为准则。制定幼儿教师情绪管理系统的规章制度是保证情绪管理工作规范运行的根本保证，通过制度将情绪管理工作固定下来，能够维持正常的工作秩序，鼓励相关人员各司其职，尽善尽美。

幼儿教师情绪管理系统的规章制度将围绕常规制度和保障制度进行。常规制度为日常管理工作中应该重视和需要遵循的制度，保障制度是与情绪管理间接相关的制度，是能够为情绪管理实施提供物质和精神条件的制度，具体包括工作环境保障、情绪休假制度、薪酬激励、职位晋升、方法论坛等。两者构成情绪管理系统规章制度的"两翼"，缺一不可。

一、幼儿教师情绪管理系统的常规制度

常规制度包括情绪管理测试制度、情绪管理活动制度、情绪管理培训制度、情绪沟通制度、情绪监督制度等。

（一）情绪管理测试制度

情绪管理测试制度是情绪管理实施和开展的依据。其根据不同阶段幼儿教师情绪状态的测试来发现他们所面临的情绪问题，及时地调整和改变情绪管理工作的计划和活动。更进一步说，情绪管理测试制度是各项情绪管理工作开展的指南。

在招聘阶段落实情绪管理测试制度，人事管理部通过情绪管理测试筛选适合幼儿教师工作岗位的应聘者，帮助管理者更好的

选拔人才、识别人才，为日后的管理工作打好基础并根据情绪管理能力的高低，将适合的教师放在合适的工作岗位，分配合适及适当的工作任务和工作量，做到知人善任。

在工作阶段执行情绪管理测试制度，定期进行群体性情绪测试，不定期进行个体情绪测试。当管理者发现某一阶段幼儿教师的情绪浮动较大时，由情绪管理专家及时地帮助管理者，通过情绪管理测试对教师的情绪状况进行初步了解，发现情绪管理出现状况时，及时开展情绪管理工作，以便对症下药。

应将情绪管理测试制度落在实处，将测试结果真真切切地反映在管理行动上，而非应付差事、纸上谈兵。只有经常做的事情才会引起人们的重视，也只有经常做的事情才能体现人们的重视。情绪管理制度可以引起幼儿园管理者以及幼儿教师的重视，及时地发现情绪问题，能够做到防患于未然。

（二）情绪管理活动制度

情绪管理活动制度是情绪管理活动规范运行的保障。情绪管理活动是为了消除教师群体的隔阂感、增强团队凝聚力、加强教师之间的情感沟通。教育事业是充满爱的事业，教师之间更要充满爱才能包容所有的阴霾。因此，情绪管理活动不是为了完成情绪管理的任务，而是要将情感的交融和沟通落在实处，让教师在充满爱的环境中创造价值。在条件允许的情况下，管理者应每半个月开展一次情绪管理活动，具体形式可以为集体聚餐、团建活动、素质拓展等，通过活动缓解工作压力、增进彼此的情感。

（三）情绪管理培训制度

落实情绪管理培训制度，使其达到常态化。培训千千万，但是情绪管理培训是其他培训的基础。情感的激发往往能产生巨大的价值，只有幼儿教师的情绪被调动、工作热情被提高，其他的培训内容和效果才不会在忙碌的工作中成为负担。将情绪管理的培训上升为制度进行落实，幼儿园管理者通过定期邀请专家来园开办讲座，展开体验式的培训，让幼儿教师了解情绪管理的理论知识，另外还要结合幼儿园的实际工作，帮助幼儿教师解决工作中的情绪问题，如教会幼儿教师情绪表达和管理情绪的方法，鼓励幼儿教师将理情绪管理的理论和幼儿园的实践相结合，在工作中不断创造自己的独特方法。

（四）情绪沟通制度

良好的情绪沟通机制是园长能够了解幼儿教师真实情绪的渠道，只有真正关注幼儿教师的真实情绪，才能为幼儿教师提供解决方法。情绪沟通机制的顺畅在于幼儿园文化环境的民主，要让幼儿教师敢说、能说、想说。因此，情绪沟通制度包含园长倾听制度、心理咨询制度、心声制度。

园长倾听制度是指园长要尽可能地了解自己的职工，知道他们的需要，以便发掘他们的价值，产生巨大的工作活力。在招聘工作结束之后，园长应该应该私下找每一位新教师进行非正式的交流，一方面了解新教师的个性特点和职业发展规划、了解他们的家庭环境；另一方面让教师体会被重视的感觉，获得归属感。在日常工作中应该定期找每一位教师谈心，了解幼儿教师的近况以及实际需要，帮助他们解决难题。

心理咨询制度的建立是为了解决幼儿教师的有苦难言。对于那些不能与园长讲、不能与同事说的情绪可以和幼儿园中聘请的专业心理咨询师直抒胸臆，通过沟通排解心中的不快。

心声制度充分体现了管理中的人性化管理。倾听来自教师的心声是为了能够更好地了解教师，通过设置信箱，教师可以匿名地反映在园中所遇到的不满或期待提升的管理问题，包括对情绪管理的疑问、对幼儿园管理的质疑、对工作环境的需求等，而管理者要虚心接受并积极改进，促进整个幼儿园管理更好的发展。

（五）情绪监督制度

建立情绪监督制度是为了让每位教师产生情绪管理的意识，包括管理自身情绪和管理他人情绪的意识，当发现他人出现消极情绪时及时地给予提醒和帮助疏导，使整个幼儿园处于有问题及时发现及时疏导的氛围。同时，情绪监督制度是对上一阶段情绪管理活动的反馈，检验情绪管理活动进行的是否顺利与目标是否达成，以便调整下一阶段的工作。

二、幼儿教师情绪管理系统的保障制度

保障制度包括工作环境保障、情绪休假保障、薪酬激励、职位晋升、方法论坛等。

（一）工作环境保障

幼儿园要为幼儿创设有准备的环境、要一切以幼儿为中心，这是其环境创设的要求和出发点。不可否认这些观念都是正确的，但是在过分关注幼儿环境的同时，人们往往会忽视教师需要什么样的工作环境，而工作环境恰恰对个体就同一事件产生情绪反应和调节情绪状态有着重要的作用。在幼儿园中，嘈杂的声音、花花绿绿的环境创设都是产生消极情绪的重要助燃剂。在某些幼儿园中，幼儿教师没有办公室，也没有休息区，进入幼儿园面对的就是班级中的幼儿，他们没有时间和机会卸下伪装情绪的面具，使得自己的所有情绪都集中在班级中并被一览无余。因此，工作

环境保障之意在于通过外界环境调节内心的情感体验，帮助幼儿教师在舒心的环境中工作。

（二）情绪休假保障

情绪休假，顾名思义，就是因为情绪而休假。幼儿园的工作繁忙而又繁杂，不仅劳力而且劳心。在繁忙的工作中，让幼儿教师可以选择闲暇的机会，给自己的心情放一个假，这不仅可以使其体会到职业幸福，更能积蓄前进的动力。当然，情绪休假制度规定要有弹性的休假频率，让幼儿教师能够在规定的时间内调整自己，为幼儿教师进行情绪的调节提供制度保障。

（三）薪酬激励

由马斯洛的需要层次理论可知，只有低层次的需要得到基本满足后，才能产生高层次的需要。如果想要幼儿教师在工作中保持积极的情绪、崇高的职业信念，物质保障是首先要考虑的因素。通过调研可以发现，薪资待遇是影响教师工作情绪的重要因素，因此，薪酬激励在一定程度上能够提高教师情绪的积极性。薪酬激励旨在要改变幼儿教师干多干少都一样的状态，通过加分制度来鼓励幼儿教师承担相应的任务，因为这样可以获得相应的劳动报酬和管理者的认可，自然而然就会使幼儿教师产生积极的情绪体验。

（四）职位晋升

在幼儿教师获得经济报酬后，还需要满足其成长的需求。职位晋升能够激发幼儿教师工作的积极性和创造性，调动幼儿教师的积极情绪，通过被认可而更乐意发挥自身的作用，更好地融入幼儿园工作中。幼儿园中虽然没有那么多职位，但是园领导可以对其委以重任，给幼儿教师授予某些新的职位，使其有责任感、有归属感，而不是奉献感、附属感，帮助幼儿教师在其平凡的岗位创造巨大的价值。

（五）方法论坛

方法论坛也可以称为困难帮扶。幼儿教师在幼儿园中面临着各种各样的问题和考验，新手教师往往在教学水平提升和处理外界问题的过程中忙碌周旋，他们没有很多的实践经验，不知道怎样面对哭闹的幼儿，不知怎样应对有挑战性行为的幼儿，不知道如何处理来自家长的无理要求，不知道如何协调工作和休息。方法论坛旨在通过建立论坛，汇集优秀教师的经验和方法以帮助新手教师解决问题。方法论坛会上教师可以提出问题，畅所欲言提出解决问题的方法，会议结束后可以汇集智慧之谈，编撰成册，指导幼儿教师的实践活动。

第五节　落实幼儿教师情绪管理系统的具体措施

幼儿教师情绪管理是一项系统工程，囊括了上到幼儿园管理者，下到每一位幼儿教师，涵盖了幼儿园管理的各个方面。幼儿教师情绪管理系统的构建除了需要设置组织机构，制定完善的规章制度，创设良好的幼儿园环境外，还需要提高管理者对情绪管理的认识，做好情绪管理的计划，通过完善情绪管理的实施过程，加强检查和总结，形成积极的、稳定的、其乐融融的工作氛围。幼儿教师情绪管理系统的构建不是一蹴而就的，需要不断调整和改变。

一、提高认知，做好情绪管理计划

幼儿园的管理者作为引领幼儿园工作的主要负责人，其素质和能力的高低直接影响着幼儿园管理的科学性、有效性和合理性。因此，提高管理者对情绪管理的认识是进行情绪管理工作的前提，对落实情绪管理工作尤为重要。

（一）提高对情绪管理的认知

情绪管理工作开展的前提是提高管理者对情绪管理的认识，也只有管理者自身加强对情绪管理的关注，才能推进其更好的执行。虽然情绪管理还没有在学前教育工作中得到广泛的开展，也无法在短期内看到情绪管理的收益和效果，但是其重要性是不可否认的。所以，幼儿园管理要提高认识水平，先具备情绪管理的能力，知晓情绪管理的方法和手段，再游刃有余地帮助幼儿教师成长，真正关心幼儿教师的实际生活和实际需要，真心实意地为他们想办法、谋出路，走到幼儿教师的工作场域中，体会他们的快乐与悲伤。

首先，幼儿园管理者要提高自身对情绪管理的认识，而不是只知其然，不知其所以然。园长作为幼儿园办园理念的先行者，也应该是先进的教育理念和管理思想的学习者，通过参加情绪管理的讲座和相关培训，不断学习，重新认识情绪管理的重要作用。通过学习情绪管理的知识，管理者要懂得如何做好自身的情绪管理、如何管理好幼儿教师的情绪，学习情绪管理的方法和技能，在不断丰富理论的基础上提升实践能力，以指导实际工作的开展。

其次，发挥管理者良好心理素质的示范作用，引领幼儿园的情绪管理的发展。幼儿园管理者每天要面对瞬息万变的环境和纷繁复杂的园务工作，需要做到沉着冷静，保持乐观的情绪，给幼儿教师树立良好的榜样，激励全体幼儿教师面对问题时能够保持镇定，努力克服。幼儿园管理者自身要公正，构建和谐的组织文化氛围，尊重教师，鼓励教师在自己的岗位上发光发热，形成团结向上、民主和谐的氛围，通过引领和指导每一次困难，不断推进情绪管理工作。

（二）做好情绪管理计划

情绪管理覆盖了幼儿教师从入园到离园的各个阶段，它在无形之中体现着幼儿园发展的方向和管理的成效。情绪管理工作需要在探索中逐步调整和规范，先从制定情绪管理的目标开始。情绪管理的最终目的是促进幼儿教师保持积极稳定的状态，最大限度地减轻消极情绪造成的影响。

因此，为了实现情绪管理的目标，应着手制定情绪管理工作计划。根据幼儿园的实际状况，建立幼儿教师情绪管理的组织机构，制定、完善和实施情绪管理工作制度，拟定整个情绪管理工作需要达到的整体目标及阶段目标、总体计划、次级计划，调动幼儿园的人力、物力资源，促进情绪管理工作的全面落实。聘请情绪管理专家作为情绪管理的引领者，为幼儿园情绪管理工作的计划、实施、检查和总结等各个环节出谋划策，推动整个工作的开展。另外，需要通过各种活动的方式宣传和推广情绪管理对于幼儿教师的重要作用和意义，让幼儿教师在实践中感知情绪管理带来的益处，提升幼儿教师工作的幸福感。

二、完善情绪管理的实施过程

要逐步完善情绪管理的实施过程，可以通过丰富情绪识别的方法、提供情绪管理的系统培训、丰富情绪管理活动、畅通情绪表达和疏导机制，逐步提升幼儿教师的情绪管理能力，落实情绪管理工作。

（一）丰富情绪识别的方法

情绪识别是情绪管理的第一步，只有发现情绪，才会有后面的情绪管理。情绪集中表现为面部表情、言语动作、语音语气，而发现情绪可以通过观察、谈话、情绪测试等方法进行。

1.通过观察发现教师的情绪变化

发现情绪不仅需要管理者的共同参与和细心发现，更需要各联络员做好识别工作。

管理者要通过观察发现教师的情绪。管理者可以通过观察了解幼儿教师的整个情绪状态和氛围，这是最直接和直观的方法，也是目前管理者常用的方法之一。幼儿园管理者要具备敏锐的观察力，较强的感知别人情绪的能力，在入园之后就能够迅速发现哪些幼儿教师的情绪状态比较低沉，进而感知到幼儿教师最近存在的问题，结合最近的工作状态了解其最近的情绪状态，以便及时进行关怀和问候。

联络员作为每日与幼儿教师接触最多的管理者，要坚守情绪管理的工作岗位，履行相应的岗位职责，有效避免一些不适宜行为的产生。联络员作为情绪管理操作层的负责人员，要做好幼儿教师情绪的识别和发现工作，并及时向情绪管理专家反映。联络员与教师的距离更近，教学工作性质相同，相似经历的人往往有更多的共同话题，所以，当教师出现消极情绪时，联络员要善于观察幼儿教师情绪的细微变化，及时进行询问、沟通和疏导，并及时向情绪管理专家汇报。若在教学过程中，发现幼儿教师被消极情绪包围时，可以做好提醒、隔离和监督的作用。提醒在于告诉教师意识到自己的消极情绪，隔离在于避免教师由于消极情绪所带来的不适宜行为的发生，监督在于帮助教师时刻有注意自己情绪的意识，以便减少冲突、保护幼儿。

2.通过谈话感受教师的情绪状态

管理者发现幼儿教师的情绪低沉时，应及时地通过面对面谈话进行沟通。当管理者发现幼儿教师有相应的情绪变化时，要及时与其进行沟通，帮助其解决当下的顾虑，找到解决所遇问题的途径和方法。另外，管理者还可以约教师进行阶段性长谈，长谈的内容不限，可以就教师的家庭、教学管理、私事（如果教师愿意分享）进行沟通，管理者要做的就是认真倾听，帮助教师打开心结。同时，幼儿教师如果能够正确地认识情绪，能够愉悦地接纳产生情绪的自己，主动地表达自己的情绪体验和感受，便能够很好地处理自己的负面情绪、学会悦纳自己。因此，需要创造尊重教师、包容接纳的环境，允许教师表达自己的情绪，合理表达自己的需求，从而解决需求与要求不相吻合的冲突。

3.通过情绪测试及时发现教师的需求

通过情绪管理的测试辅助管理者识别幼儿教师的情绪，以便及时发现问题。针对那些不善于喜形于色的幼儿教师而言，通过情绪管理测试及时发现情绪问题不失为一种有效的方式。情绪测试由情绪管理专家进行，分为一个月一次的定期测试和发现问题时进行的不定期测试。在整个测试实施之前，要告诉教师测试只是为了更好地帮助教师成长，攻破教师排斥情绪测试的心理防线，以保证测试结果的准确性。在测试结束后及时将测试结果反馈给相关部门，对个别幼儿教师的情绪问题进行跟进和指导，并为全体幼儿教师制定下一步的情绪管理工作计划。

（二）提供情绪管理的系统培训

情绪管理培训在于通过职前和职后进行系统的学习，创新培训的形式、充实培训的内容，进一步加强培训情绪管理能力的发展和培养工作，推进情绪管理理论知识的普及和管理方法的应用，让幼儿教师在培训中更好地感知与体验、调节和控制情绪。

1.健全职前职后情绪管理培训体系

情绪管理能力应该是贯穿于幼儿教师整个职业生涯的专业能力，无论是职前教育还是职后教育都应当建立一个完整的情绪管理培训体系。在当代我国的职前教育中，可以增设情绪及情绪管理课程，引进国外成熟的课程体系，如美国的"社会情绪学习标准"，帮助准幼儿教师认识情绪、感知情绪、学会如何管理情绪、如何提升自身的情绪管理能力；去幼儿园中实践，在实践中体验幼儿园工作场域的氛围与繁忙却充满欢乐的工作气氛；模拟幼儿园情景，在模拟中感知幼儿教育工作的伟大，提升职业信念和职业幸福感。

职前教育更多的是感受与体验中的情绪管理，而在职后教育中更多的是实践和应用中的情绪管理。在入职之后，繁忙的工作接踵而来，忙不完的教学任务，搞不定的家长工作，如何在繁杂之中保持有条不紊是幼儿教师获得职业幸福的一项能力。职后情绪管理培训首先要帮助幼儿教师树立正确的情绪观，帮助幼儿教师认识情绪是进行情绪管理的开始。

幼儿园要定期开展培训，引进情绪管理的系统课程，可借鉴国内外情绪管理培训课程的相关经验，并结合本园的实际情况构建自己的课程体系。同时，开展心理辅导讲座、情绪管理方法的实践类专题培训，积极帮助幼儿教师缓解工作压力。

在情绪管理培训中要做好情绪管理的宣传工作，在情绪管理培训中配合使用幼儿园的相关设施，告诉幼儿教师在幼儿园中有很多可以帮助教师缓解消极情绪的方法，鼓励教师们敞开心扉，勇敢地表达和抒发。

2.创新培训形式

创新培训形式，将学习情绪管理理论与实践相结合，将集体培训与个性化培训相结合。不可否认，现阶段的幼儿教师培训存在着各种各样的问题，幼儿教师往往疲于参加各种培训活动，要想让情绪管理培训形式不落窠臼，让培训活动不再成为幼儿教师忙于应付和奔波的负担，让情绪管理培训成为幼儿教师坚守职业信仰和丰富内在生命成长的肥料，需要使情绪管理培训的形式丰富化、灵活化。

情绪管理培训要将理论和实践相结合。培训不仅要丰富幼儿教师的情绪管理理论知识，更要将理论知识与幼儿教师的实际工作相结合。通过开展体验式的培训，让幼儿教师在游戏的情境中感受如何在负面情绪包围时控制自己的情绪，以及出现情绪时应该如何发泄。培训者要为幼儿教师创造丰富的体验资源，设身处地地感知和体会幼儿教师每日所面对的教学任务和工作情境，更好地发掘幼儿教师的内在需要，满足幼儿教师培训中的体验需求。

集中培训与个性化培训相结合。在幼儿园的实际工作中，处于不同阶段的幼儿教师面临着不同的难题和困惑，因此，集体培训与个人培训相结合就显得尤为重要。集体培训是利用讲座的形式解决所有教师共同面临的问题和困难，而个性化培训则是针对处于不同环境的教师，提供不同的培训内容，同时，充分利用各种形式如线上和线下相结合、正式与非正式相结合进行相关的培训，以此来缓解幼儿教师的职业压力。

3.充实情绪管理的培训内容

情绪管理的培训不应该仅仅局限于情绪管理的专业知识，更应该将其应用于情境，关注幼儿教师在园一日流程中的情绪、关心幼儿教师在工作中遇到的困惑和不解，关注幼儿教师的人际关系、关心幼儿教师的家庭关系和家庭情况等。情绪管理的系统性就在于它是一个复杂的心理活动，容易受到来自各方面的影响。因此，应时刻关心幼儿教师的工作和生活中的情绪，以幼儿教师的需求为依据，将针对性和实用性相结合，将教师群体面对的问题与个性化的问题相结合，开展情绪管理培训，以便更好地对症下药。

一方面，通过培训，帮助幼儿教师从认识了解情绪，到逐渐熟悉情绪、注意自己的和他人的情绪，再到教会幼儿教师如何缓解自身的情绪，逐步提高幼儿教师的情绪能力，让幼儿教师学会与自己和解，学会如何与他人交往。

另一方面，让幼儿教师学会处理工作和生活中的消极情绪。消极情绪往往是由于客观事物没有满足个体的需要而产生的，而这种不满足来源于工作中经验和技能的缺乏、生活中各种问题的袭来，想要治标治本，就要及时解决遇到的问题。情绪管理培训的内容可以涉及如何与同事交往、如何应对家长的无理要求、如何教育顽皮的幼儿、如何处理家庭中的夫妻关系甚至婆媳关系等，这些为教师所需的内容都可以成为广泛的情绪管理培训的选材。

（三）丰富情绪管理活动

情绪管理活动是有效缓解消极情绪的重要途径。幼儿教师存在于社会中，他们需要隶属于一个群体来共同分享、交流和承担其职业生涯中的快乐和痛苦。通过开展情绪管理活动，能够让一个生命影响另一个生命，创造和谐友爱的幼儿园氛围，使整个幼儿教师队伍壮大起来。

首先，情绪管理专家按照计划开展有利于幼儿教师保持积极情绪的活动。调查显示，不少幼儿园管理者表示他们会通过开展团建活动进行团队建设，但是活动频率和形式还不能满足幼儿教师的需求，整个活动缺乏计划性，不能按照幼儿教师的需求和所面临的压力的大小来调节活动安排。因此，应根据幼儿教师的实际需求制定一些活动计划，以便恰如其分地发挥活动的作用。另外，幼儿园应创新活动形式，形成活动的长效机制，将小型活动与大型活动相结合、正式活动与非正式活动相结合，丰富幼儿园的活动形式和内容，缓解幼儿教师的工作压力，鼓励幼儿教师的非正式团体的形成，增强团体的力量对于幼儿教师情绪的促进作用。如开展集体聚餐活动，包括幼儿教师之间的园所聚餐、幼儿教师家庭之间的聚餐，增进彼此的关系；开展文体活动，在运动中释放压力；开展以幼儿教师的兴趣和需求为出发点的、自行设计的各类活动，以喜闻乐见的形式来疏导幼儿教师压抑的情绪。

其次，建立"情绪转运站"，更新幼儿教师的情绪状态。幼儿教师在幼儿园中面临着和其他教师一样的问题，如家长的无理要求导致家园合作出现信任危机、幼儿的不理不睬导致教学计划的实施受阻等，这些问题往往会造成幼儿教师产生一定的消极情绪。针对这些问题的屡屡发生，老教师已经形成了一定的经验，而对于没有实战经验的新教师而言，这些问题还是令人发怵的棘手问题。在幼儿园中建立情绪转运站就是为了实现经验的分享与交流，老教师可以帮助新教师在遇到幼儿园中出现的难题时多一份从容和淡定，帮助新教师尽快地缓解消极情绪。同时，针对工作之外的其他问题，开展"吐槽大会"，幼儿教师可以将自己的困惑和情绪表达出来，由幼儿教师情绪智囊团集中力量想办法，帮助其解决问题，结束后将所有方法汇集于方法论坛中，为今后遇到的问题情境提供解决思路。

最后，开展谈心工作，增进同事之间的关系。谈心工作可以遵循"说事实—谈感受—谈需求—谈希望"的模式，进一步提升谈心的技巧，从而改善双方的情绪体验和感受。说事实即当同事之间出现不愉快的情绪体验时，先亮明不愉快的事实，而非带有批评指责地谈自己的观点；谈感受即表达自己在不愉快的事件中体验到的感受；谈需求即说出自己的需要并提出自己的建议；谈希望即希望未来如果出现这样的事件，我们应该如何做。不愉快事件的双方通过表达和回应，能够察觉到自己情绪的变化和情绪能力的提升，同时也可以增进同事之间的亲密关系，妥善处理同事之间的矛盾，营造和谐的氛围。

（四）畅通情绪表达和疏导机制

情绪在于"疏"而不在"堵"。每位幼儿教师的情绪都需要有一个很好的出口，而幼儿园需要给教师提供出口，畅通情绪的表达和疏导机制，提供正确的方法和渠道疏导情绪，只有这样才能让幼儿教师不为情绪所困。

通过设立园长倾听日，走进幼儿教师群体。管理者要关心教师的生活，了解他们的想法和心声，倾听他们的困难和疑惑，帮助他们解决工作中的问题和难处，为他们的工作和生活创造便利条件。园长倾听日可以设立在工作日的某一天，既可以通过园长亲自到教师群体中关心和询问他们的需要的方式，也可以通过教师去找园长进行心声表达和情绪表露的方式，通过聆听和表达，帮助教师度过其无法控制自身情绪的瓶颈期。

通过设置信箱，广泛接受幼儿教师的心声、建议甚至批评，创设民主的幼儿园氛围，让幼儿教师敢想、敢说。在幼儿园中设置至少一个信箱，由情绪管理专家开箱，并且一星期至少开箱两次，以便及时发现教师的请求与帮助，及时采纳意见并改进。教师可以在信箱中投放令自己倍感压力的事情、幼儿园工作中遇到的困扰和难题、幼儿园建设和发展的意见和建议等。另外，要做好广泛的宣传工作，鼓励教师为自己所处的工作环境的改善和工作疑惑的解决大胆发声。

通过建立心理咨询室，帮助幼儿教师理清困惑、疏通思路、提供正确抒发情绪的方法。心理咨询室遍布了从中小学到高校的任何一个学龄阶段，且受众为学生，也服务于学生，教师很少到心理咨询室进行咨询，而在幼儿园中根本就没有设立心理咨询室。幼儿教师是一个高情绪劳动的职业，其所面临的高压力会给幼儿教师带来严重的职业危机和倦怠，因此，需要建立心理咨询室以补充幼儿园的这一缺失。

首先，要改变幼儿教师的观念，做好宣传工作。幼儿园要做好幼儿教师的思想工作，告诉幼儿教师心理咨询的重要作用，同时也宣传好本幼儿园的心理咨询工作。其次，要聘请心理咨询师进园承担心理咨询工作，并做好本园的心理咨询计划工作，针对教师个人和群体状况开展心理辅导活动。最后，要做好来访教师的档案和保密工作，保证受访教师信息的安全，在咨询结束后对工作进行检查和总结。

通过设立情绪宣泄室，为幼儿教师提供宣泄情绪的场地，在安全的环境中，让幼儿教师的负面情绪通过合理的方式和途径宣泄出来。宣泄室中应设置宣泄人、宣泄脸谱、宣泄棒、宣泄手套、沙袋和呐喊仪器等设备，帮助幼儿教师发泄自己的情绪。

三、加强检查，调整实施过程

检查是对幼儿园管理过程的监督和反馈，是对计划是否落实以及是否有效落实的检验，是对当前工作是否存在问题的诊断，是对工作偏差的纠正。通过检查能够了解幼儿教师对于情绪管理工作的满意度、情绪管理工作的实施效果如何，以便调整下一步工作。

情绪管理工作的检查，贯穿于情绪管理实施的各个环节，要通过定期的检查和日常随机的检查，促进情绪管理工作的落实。定期的检查要通过情绪管理测试，及时调整管理工作。情绪管理并不是一朝一夕就能显示其成效的，情绪管理专家在进行了相关的情绪管理活动或情绪管理培训之后，需要在其后的一个月左右进行情绪管理的测试，并对照上一次的测试结果，来检验情绪活动和情绪培训对于教师情绪管理能力的塑造和提升作用如何，并根据测试结果及时地调整和更新情绪管理工作，并做下一步工作的计划。而日常随机的检查工作可以贯穿于一日的保教活动中，如情绪管理活动的实施效果如何，情绪的表达和疏导机制是否畅通，情绪管理的组织人员是否各司其职，幼儿教师合理的情绪需要是否得到满足等。在定期检查和日常检查中，将发现的问题进行及时讨论，及时调整实施过程。

四、加强总结，促进良性循环

总结是对整个幼儿园管理工作的计划、实施、检查的总体评价，是下一阶段计划制定的依据。教师情绪管理的总结是针对情绪管理工作中的某一阶段、某一周期进行总体的把握和评价，提出下一阶段的目标和改进内容，不断调整管理方式，使情绪管理系统能够更加完善。

通过整体工作总结和活动总结，推动情绪管理过程的不断运转。在一个周期的工作结束后，总结这一周期的工作经验和教训，动员全体幼儿教师寻找问题的原因，在总结中逐步将其提升为理性认识，为实践活动不断积累经验，为日后的情绪管理工作提供经验，促进情绪管理工作效率的提升。在活动和培训之后，组织幼儿教师进行活动后的总结，通过畅通情绪管理的反馈机制和沟通机制，及时与教师沟通，调查幼儿教师对情绪管理工作的满意程度，了解其需求是否得到满足，还有哪方面需要进一步改善和提升，从而更好地帮助教师提升情绪管理能力，提升幼儿园的管理水平。

五、创造良好的工作环境，提供外部保障

良好的工作环境能够让人产生积极向上的情绪。人的情绪会与周围的工作环境沉浮与共，当周围的环境呈现消极的情境时，人的情绪也会跟着环境而变得消极；当周围的环境呈现积极的情境时，人的情绪也会在潜移默化中变得积极起来。因此，创设良好的物质和精神环境能够为情绪管理提供外部保障。

（一）美化物质环境

幼儿园是每一位幼儿的家，更是每一位幼儿教师的家。要想

让幼儿园成为"家"，就要创造和谐温馨的环境。

首先，幼儿园的布置要像家。幼儿园内的走廊和班级内物品的摆放要井然有序，切忌杂乱无章，让幼儿教师和幼儿在整洁干净的环境中获得心理的安全感。整洁的环境既有利于稳定幼儿的情绪，又有助于幼儿教师保持积极的情绪状态。幼儿园的整体环境创设要增添大自然的颜色，自然色能让人心旷神怡、倍感舒适，而过度刺激的颜色则易让人眼花缭乱、心神不宁。因此，在进行环境创设时，要考虑整体色调的搭配，尽量营造舒适的环境。

其次，幼儿园的设备要像家。调查显示，接近三分之二的幼儿园不设幼儿教师办公室，更不用说休息室，幼儿教师从入园的那一刻就要走进班级，从早到晚面对不同的幼儿，面面俱到地照顾着二十到三十个幼儿的学习活动和生活。因此，幼儿园要为教师开辟休息室，帮助教师区分工作与休息，从而在休息间隙调整自己的情绪和精神状态，以便在照顾幼儿的过程中投入更多的热情。可以在休息室开辟茶水区（提供咖啡、茶叶、红糖等饮品）、瑜伽区、书吧，布置舒适的沙发、桌椅、衣架和穿衣镜，墙体喷绘以绿色环保色为主的染料，并配备绿色的植物。另外，采纳幼儿教师的建议和意见，更好地升级教师休息室。

最后，幼儿园的氛围要像家。由于幼儿天生活泼好动，幼儿园中充满了欢声笑语，但在欢声笑语中也夹杂了许多不和谐的音符，如幼儿的哭闹声、玩具的拍打声，这样长期工作在幼儿园中的幼儿教师便会不自觉地形成大声说话、大声喊叫、甚至敲桌子、跺脚的习惯，让自己的声音能够盖过幼儿的嬉笑声，以便让幼儿听见自己的指令而恢复安静，结果使得教师垂头丧气、郁郁不乐。因此，在幼儿园中要提倡"静声音"，努力创设一个宁静、平和的环境，从而提升幼儿教师情绪的积极性。可以在长廊上张贴"静声音"的提示语，杜绝大声喊叫，要求从园领导到教师再到幼儿切勿大声喧哗，一米之外不说话，保持安静的环境。

（二）丰盈精神环境

转变管理观念，渗透人文理念。组织对于人员的管理和激发在于满足其最基本的物质保障和生理需要之后，平等对待、尊重每个人的个性，给予其实现个人价值的机会。幼儿园的情绪管理工作，说到底是对人的管理，是人文精神在管理工作中的渗透与滋养。幼儿园管理者对幼儿教师要在工作中给予支持和赏识，在生活中给予关心和帮助，在专业上给予引领和鼓励，在情感上给予沟通和关怀，在发展上给予空间和机会，为每一位幼儿教师在幼儿园中愉快的生活和工作提供源源不断的精神动力。

转变教育观念，放慢教育的脚步。在凡事追求"快文化"的今天，我们追求幼儿在短时间内掌握大量的知识、不愿意让幼儿输在起跑线上，这些"速成式"的教育看似加快了人类文化的传承速度，实则忽视了对幼儿内在心灵的滋养。大自然希望幼儿在成人以前就要像幼儿的样子，如果打乱了这个秩序，就会造成一些早熟的果实，既不丰满也不甜美，而且很快就会腐烂。因此，教师需要慢下来，需要静静等待花开的声音，慢慢等待果实的自然成熟。在幼儿园的环境中渗透"慢教育"，帮助幼儿教师转变教育观念，在教育中放慢脚步，不再因为幼儿难以掌握学习内容、难以完成任务而焦躁不安，不再因为家长的无理要求而束手无策，以积极的情绪状态更好促进教育的发展。

第七章 多维视角下的幼儿园教学组织创新研究

伴随着人们对于学前教育事业的关注度越来越高，有必要促进幼儿园教育教学水平的提升。本章主要研究幼儿园科学教育的组织、幼儿园过渡环节活动的组织、幼儿园社会实践活动的组织、幼儿园户外活动的组织——以大班为例、幼儿园主题性区域活动的组织。

第一节　幼儿园科学教育的组织

一、幼儿园科学教育的实施

（一）加大园所对科学教育的支持

园所对于科学教育的支持主要通过两个方面。第一个方面是幼儿园要创设民主的幼儿园文化，民主的园所文化能够激发幼儿教师的工作积极性，发挥幼儿园的整体功能。在一所拥有民主文化的幼儿园，教师拥有更多自主性，且愿意表达和交流自己的想法，可以通过集体调研、备课等方式，加强同事之间的交流沟通，能够对科学教育目标、内容、过程等进行深入的认识，并认识到自身的不足之处。第二个方面是健全园所保障制度。首先需要建立投入保障制度，园所需加大对于科学教育的投入，如购买科学设备、材料包、绘本等促进幼儿园科学教育发展。其次，需要完善园所教育激励制度，来激发幼儿教师对工作的热情，本着公平、透明的原则对于表现好的教师给予一定程度的奖励，既是对教师工作的肯定，也能够激励教师不断完善自我，全身心地投入到教育工作中，从而提高科学教育组织与实施能力。

（二）增强教师职后培训

教师可以通过观摩、互动科学实践活动来学习如何组织与实施科学教育，因此，幼儿园应重视对于教师的职后培训工作。幼儿园可以通过组织教师进行科研工作、听科学讲座，鼓励教师参与科学课题，邀请专家入园等来提高教师的科学素养和能力，也可以送本园教师外出参加科学培训，还可以建设网络科学教育交流平台，实现科学资源的共享与对科学问题的探讨，从而提高教师的科学教育组织与实施能力。

（三）提升幼儿园入职门槛

幼儿教师作为幼儿科学教育的引导者，对其自身的科学素养和专业能力提出了较高的要求。因此，幼儿园应该对入职门槛严把关，在录用教师之前需进行资格审查。公立幼儿园的科学组织与实施水平高于私立幼儿园，很大原因在于公立幼儿园对于教师的选拔较为严格，因而教师具有一定的科学素养和能力。但有些私立幼儿园为谋取利益，控制教师工资水平，对教师的要求较为宽松，其科学素养与能力更无从谈起。因此，幼儿教师入园需严把门槛，采取一定的考核措施，以保证幼儿教师具有一定的科学素养和能力。[①]

（四）扩大对科学教育资源的利用

科学资源的有效利用能够多方面促进幼儿科学能力的提高，对于科学教育资源的有效利用也是幼儿园科学教育组织与实施的重要部分。但笔者通过调查发现，幼儿园对于家庭科学教育资源和社区科学教育资源的利用上存在不足，因此提出以下建议。

①卢琰.幼儿园科学教育组织与实施的现状研究[D].沈阳：沈阳师范大学，2020：50-55.

第一，幼儿园应充分利用家庭资源，实现家园共育。家长是幼儿的第一任老师，也是与幼儿长期生活的人，幼儿园应与家庭建立合作关系，才能有效实现家园共育。如幼儿园可以举办亲子科学活动，让家长与幼儿共同制作一个科学小材料；可以邀请家长做教师助教来为幼儿来讲解科学小常识；也可以通过"科普知识宣传栏""科学家园"等途径，帮助家长树立正确的科学教育观，掌握一些基本的教育方法，更好地对幼儿进行家庭教育；向家长征集科学活动所需要的材料等。

第二，幼儿园要有效利用社区资源，发挥社区教育作用。社区资源的利用可以扩展幼儿生活与学习空间。首先，要根据幼儿园科学教育的要求来选择社区资源，如认识昆虫，可以带幼儿到社区中的小花园里进行观察；其次，要根据幼儿的兴趣与需求选择社区资源，需要教师在多样的社区资源中选择适宜幼儿能力的资源，如参观社区自然科学博物馆等；最后要注意对各种社区资源的综合利用，如认识植物，可以将带幼儿参观植物园、植物博物馆，给幼儿看植物图片，引导幼儿观察植物生长等活动相结合，对幼儿进行科学教育。

二、幼儿教师科学教育的实施

（一）加强自我发展意识，多渠道提升教师科学素养

幼儿教师是幼儿成长过程中的"重要他人"，幼儿园科学教育的组织与实施离不开教师的指导。实证结果表明，幼儿教师的年龄、教龄、学历与其科学教育组织与实施水平存在显著正相关，其主要原因在于随着年龄、教龄和学历的增长，幼儿教师的科学素养和能力随之加强，对于科学教育的组织与实施水平也随之增

强。因此有必要提升幼儿教师的科学素养和能力，但教龄在 10
年以上的教师专业能力发展反而呈下降状态，这可能是因为教师
在积累一定的知识和经验之后，对于自我专业能力提升的意识下
降，因此，幼儿教师需树立终身学习的理念，并通过多种方式进
行自我专业提升，可以从知识学习、经验积累和教学反思三方面
来说，首先，要加强对科学方面理论知识的学习，并能够将理论
迁移到实践当中，更要拓宽科学学习的渠道，除了在日常工作中
获取科学知识与经验，也可以通过其他渠道进行学习，如利用书籍、
网络课程或参加关于科学教育的讲座等；其次，要多参加科学实
践活动，在具体情景中获得教学经验，尤其是对于教龄较短的教师，
更应利用这样的机会锻炼自己；最后，要善于总结科学教育经验，
以提升自身的科学素养和专业能力。

（二）教师全面地选择科学教育内容

科学领域内容宽泛而庞杂，教师对于科学教育内容的选择有
较大的空间与弹性。在本研究中，笔者发现幼儿教师对于科学教
育内容的选择不够均衡，而且选择来源上主要依赖教材，这样会
导致幼儿对于科学缺乏全面的认识。因此，在选择科学内容时应
注重全面性，且要根据幼儿的兴趣选择科学教育内容。

第一，遵循广泛性和代表性原则。广泛性原则是为了确保让
幼儿获得更加广泛的科学知识和经验，教师在科学教育内容的选
择上应尽量涉及多个方面的内容；代表性原则要求教师选择的科
学内容具有典型性，能够反应某领域的基本知识结构。通过调查
发现，教师在选择科学内容时偏向于选择自身所熟悉的内容，但
其所熟知的科学内容可能只是偏向某一方面或者不适合幼儿探究，
因此教师在选择科学教育内容时，需要多考虑本班幼儿的年龄特

点，提前做好充分的知识准备，选取适合幼儿的内容。教师在查阅相关知识的同时，应和其他同事进行交流，从多渠道来辨别所选的科学内容是否符合幼儿的科学发展。

第二，重视幼儿的兴趣。提高调查发现，幼儿教师过多依赖于教材，形成"拿来"主义，缺乏对幼儿兴趣的观察，因而科学内容的选择大多不适宜幼儿的发展。教师应当重视幼儿的兴趣，从而生成让幼儿感兴趣的科学活动，激发幼儿对于科学的探索，才能更好地进行科学教育的组织与实施。

（三）教师运用多种组织形式进行科学教育

通过研究发现，当前科学教育组织形式以集体教育活动为主，是一种面向全体幼儿的、统一的集体活动。科学集体教育活动可以在短时间让全班幼儿获得科学知识与经验，整个过程都是在教师的指导下进行的，这种组织形式使用于幼儿人数较多的班级，但由于受到时间和空间的限制，幼儿的自主探索性不能充分发挥。因此，教师应该运用多种组织形式来进行科学教育。

第一，重视科学区中的科学教育。近年来，人们逐渐意识到科学区对于幼儿科学教育的独特价值，因而幼儿园的每个教室都应该设置科学区，提供相应的科学材料，幼儿可以根据自己的兴趣自主选择探究内容，教师进行个别化的指导。教师可以根据幼儿年龄特点对材料进行投放，对于小班幼儿来说，主要是以"乐"为主，可以创设情境式的游戏探究环境，投放生活中常见的、趣味化的材料；对于中班幼儿来说，主要是以"问"为主，可以投放简单可操作的材料；对于大班幼儿来说，主要是以"思"为主，可以投放以探究为主的科学材料。

第二，重视游戏与生活中的科学教育。教师需要带领幼儿在

"玩"中学习，教师可以提前准备好一些科学游戏，如感知游戏，利用视、听、触、嗅觉体验物体的特征；操作游戏，提供给幼儿万花筒、三棱镜等好玩的科学玩具让幼儿自由摆弄；情境性游戏，为幼儿创设一个游戏情景，让幼儿发现问题并解决问题等。在生活中对幼儿进行科学教育，生活中的随机科学教育是"润物细无声"的，但影响却很大，教师可以抓住幼儿对自然现象感兴趣的时刻，进行随机教育。

三、幼儿园科学教育中的探究式学习

（一）支持幼儿自主探究，提升幼儿探究学习的主体地位

幼儿用探究方式进行学习是科学活动中幼儿重要的一种学习方式，因为幼儿在科学活动中不论是探究能力的发展，还是知识经验的获得或是精神的培养，都需要亲自动手实践才可以构建形成，而探究式学习最重要的特点就是自主性，所以教师应当在科学活动中支持幼儿自主探究，让幼儿自发参与、自主学习、自由表达，来获得自身各方面的发展。教师可以从以下方面来支持幼儿自主探究。

1.为幼儿营造自主的探究氛围

在科学教育活动中，幼儿与教师要一同展开探究，幼儿使用与教师相同的材料共同探究，这样教师才能真正地了解到幼儿的探究想法和意图，才会体验到幼儿探究的情绪情感，也使幼儿可以有机会想说想做，敢说敢做，是幼儿真正自主探究学习的一个过程。在共同探究过程中，教师需做到以下方面。

（1）教师要理解并且尊重幼儿的探究想法。幼儿看待事物的眼光和想法都很独特，与成人的理解和兴趣点是不一样的，幼

儿那些独特的、带有创新的想法和发现点，是成人所不能发现的。所以，教师在幼儿提出探究问题时，不应该无视或是批评幼儿，而是要尊重幼儿并且了解幼儿的想法，为幼儿的探究学习提供条件和机会，以及和幼儿共同进行探究学习，从语言和行动上支持幼儿进行自主的探究学习，不做权威的领导者。比如在"冰不见了"科学探究活动案例中，当幼儿在探究学习过程中说出自己的猜测和想法时，教师应当支持和鼓励幼儿自己动手操作，尝试探究自己提出来的想法，而不是忽视幼儿的想法，使幼儿的积极性遭受打击，教师应当鼓励幼儿建立探究的信心，支持幼儿进行探究学习，激起幼儿想要探究的动力。

（2）教师要信任幼儿，对于幼儿做出的探究行为要给予及时的反馈。教师的信任和反馈对幼儿来说具有最大的激励作用，比如教师一个肯定的点头、肯定的语言、正面的鼓励，对幼儿来说都是探究学习中得到的反馈，幼儿在得到鼓励和肯定后，就会激发想要继续探究学习的信心和欲望。教师应当相信幼儿，放心大胆地放手让幼儿自己去探究学习，只需要注意观察幼儿操作，当幼儿表达需要帮助时及时给予指引和反馈，让幼儿意识到教师是关注自己并且相信自己的，自己的探究行为是有意义的，这样既可以锻炼幼儿的探究学习能力，也可以促进幼儿思维和自信心的发展。

（3）教师应当允许幼儿出错。错误在探究过程中是不可避免的，幼儿在探究学习时更是会时常出现错误，这与幼儿的认知发展水平息息相关。教师面对幼儿探究出错时，应当更多的是包容幼儿并理解，通过幼儿的出错以此来深入了解幼儿的想法，不要着急去批评否定幼儿或是急于去纠正幼儿的认知，对幼儿应持有一颗宽容的心。同时，教师要客观仔细地思考幼儿出现问题的原因，并想办法引导幼儿通过自主探究学习去获得客观结果，让出现的客观结果来调整幼儿的认知，这样会让幼儿有一种轻松愉快的探究氛围，能够激起幼儿的探究欲望，增加幼儿的探究信心。

2.保证幼儿充足的自主探究时间

无论是科学家的探究还是幼儿的探究，所有的探究过程都需要一定的时间来对问题进行探索，最后解决问题。这不是一蹴而就就可以完成的事情，因此要给幼儿提供足够的时间来保证幼儿可以进行探究学习，对幼儿自由自主地进行探究给予保障。

（1）教师要给予足够的探究时间。幼儿探究中学习的效果以及探究过程的有效性一部分是取决于时间的支持，没有充足的时间支持，不仅难以达到科学活动效果，而且对幼儿探究学习能力的培养和锻炼也会产生影响。故而，教师要给予幼儿充足的自己动手探究的时间，不机械地限定幼儿探究时间，不占用幼儿探究时间。比如在科学活动案例"瓶子吹气球"中，教师就可以先让幼儿自己尝试操作探究，让幼儿自己发现会出现什么现象或者没有出现什么现象，然后再进行引导，而不是让幼儿等教师操作完并且讲完后才可以自己探究，最后导致很多幼儿还没有探究完，或还在意犹未尽的时候就草草收场。

（2）要合理地规划幼儿探究时间。由于许多教师对科学探究活动安排得不合理，导致幼儿缺乏思考和探索的时间，无法对其事物有一个深刻的认知，最后教学效果不佳。所以，充足合理的时间规划也是幼儿在科学活动中探究学习的有效保障。教师在对活动进行设计时，既要留出幼儿思考和自主动手操作探究的时间，也不能过度地放任幼儿，要在幼儿注意力集中的时间段让其最大限度地去探究学习，这就需要教师合理规划时间，把握好时间的度。

（3）灵活地调整幼儿探究时间。在实际的教学活动中，不是每次都可以按照预设时间进行的。比如，当幼儿无法集中注意力时，就会做一些与探究无关的事情，这时候其探究学习的积极性和兴趣就会下降，就需要教师进行灵活的调整，将幼儿的注意力再次吸引到探究学习中去。再如有时活动时间快要结束，但幼儿的探究行为还没结束，这时教师不应打断幼儿探究，可以对自己原有的内容安排进行调整，给幼儿自主探究学习留有更多的时间。

3.优化幼儿自主的探究过程

幼儿探究过程是探究学习的核心部分，通过探究过程来满足幼儿探究期望，感受探究的快乐，发展探究学习能力。所以，探究过程的实施对幼儿探究式学习来说至关重要，教师需要让幼儿自主探究过程达到最优化。

（1）教师要启发幼儿自主地发现问题。发现问题是幼儿探究学习最为显著的标志，当幼儿对某一事物产生好奇时，就会激发起探究的兴趣和欲望，与此同时就会出现探究学习行为。故而教师需要启发幼儿去发现问题，教师可以运用恰当的提问来启发幼儿发现探究问题，通过巧妙的提问激发幼儿思考，就有可能推动幼儿的思维发展，随之产生一些好奇的想法。因此，幼儿在探究学习时，为激发幼儿的探索欲望，教师应当提出一些具有启发和思考性的问题。此外，教师在提问时还要注意问题的指向性，以避免幼儿分不清主次而产生盲目性和随意性。

（2）教师要鼓励幼儿自主地分析问题。发现问题是幼儿探究学习行为发生的前提，而分析问题则是幼儿探究学习的核心部分，幼儿在探究中对问题进行分析正是一个主动思考、发展思维，并且不断尝试的过程。教师要鼓励幼儿自主地分析问题，给幼儿自主探究、分析问题的机会，而不是包办替代，要让幼儿自己动手探究，或者教师可以在幼儿探究失败时，给予语言上的鼓励，来激发幼儿探究分析的信心，幼儿通过教师的鼓励就会更加积极地去分析探究问题。故而，教师鼓励幼儿自主地分析问题是对幼儿探究学习的一种有效支持。

（3）教师要引导幼儿自主地解决问题。学会解决问题是幼儿探究学习其中的一个目标，教师面对幼儿探究学习时应当引导幼儿自己寻找解决问题的办法，而不是直接告诉幼儿结果。幼儿通过自主探究学习得到的结果会使幼儿对探究问题理解得更透彻、更容易掌握，同时也是幼儿经验增长的过程。这就需要教师熟识幼儿所探究学习的内容，在幼儿出现困难时，教师先进行观察和分析幼儿此阶段出现什么困难，判断其是否能够继续自主探究学习、自主解决问题，要确定幼儿自身能力无法独自解决时再给予介入引导，防止出现打断幼儿思维或是限制幼儿思维的情况。

（二）创设完善的科学区域，养成幼儿良好的探究习惯

幼儿园科学探究区的创设对幼儿探究学习起着非常重要的作用，特别是自然种植区角、科学区角都是幼儿极易发生探究学习兴趣的场所，故而要对这些区域进行科学的规划，充分地开发这些场所，并且采取适合的方式使资源充分利用。

1.完善科学探究区管理机制

幼儿园管理者作为学前教育教学的重要领导者，在区域环境

的创设上也是不可缺少的中坚力量，在幼儿科学探究学习的环境创设各方面起着引导和支持的作用。所以，管理者应当在各方面对幼儿探究环境创设进行管理设置，发挥管理者的作用，可以从以下方面入手进行。

（1）在科学探究区建立激励机制。通过精神奖励、物质奖励、荣誉奖励等激励措施来激发教师积极地参与到科学探究区域的开发、完善、优化当中，鼓励教师将自身的能力与工作进行匹配，促进科学探究区的优化发展。

（2）在科学探究区建立监督机制。在实际的观察调研中可以发现，幼儿园中很多好的科学资源和科学场所都被闲置、浪费，这和幼儿园没有对其重视并且没有进行长期维护与跟踪监督有关系，所以，应当建立一个完善明确的监督制度，将其责任到人，明确各自的负责岗位和任务，加强对幼儿园科学探究区和资源的监督管理，保证各种已经被开发的科学探究区及资源能够物尽其用，这样既加强了整体教师的责任心和行动能力，也促进了幼儿园科学区域高质量的发展以及后期的利用，确保幼儿进行科学探索学习和探究活动的机会。

（3）在科学探究区建立评价机制。为了可以更好地促进科学探究区的建设和发展，判断科学探究区的利用程度及工作开展情况，幼儿园需建立一个评价机制，通过评价目标、评价体系、评价方法来对幼儿园科学探究区的管理和处置进行及时有效的反馈，也使管理者和教师们通过评价的过程找到出现的问题，并且针对出现的问题进行进一步的完善和改正，或者可以将好的、优秀的创设管理方法、案例让教师进行学习模仿，进而促进幼儿科学探究区的不断完善和发展。

2.对科学探究区进行合理规划

教师应当寓科学教育于生活当中，让科学探究学习富有浓厚的生活气息，充分地利用自然资源的变化引导幼儿探究学习。教师可以将季节变化与种植区相结合来引导幼儿进行科学探究学习，比如在开春的时候，教师就可以带领幼儿自己种植各种植物，然后在夏秋冬不同的季节带领幼儿观察探究不同植物的变化，帮助幼儿了解季节的变化对植物的生长产生了哪些影响，同时还可以探究各种植物的生长变化，观察探究各种植物的形态、种类、果实等的特点，这样既可以锻炼幼儿的观察动手能力，又培养了幼儿探究学习的能力，并且教师在与幼儿一同进行种植时，还可以利用沙、土、水帮助幼儿探究学习这些无生命的物质，这样的探究学习既贴近幼儿生活，让幼儿走进大自然，又改变了自然种植区长期处于闲置的状态，使资源充分地得以利用。

3.利用社区资源创建科学探究区

社区包含多种资源，对幼儿的探究和学习都起着重要的作用，幼儿园可以利用社区中的资源让幼儿亲自体验和感知来获取各种经验，以此来补充幼儿探究学习过程中园内没有的探究学习内容和对象，使幼儿的探究学习更为充实。因此社区资源是幼儿进行探究学习重要的资源，幼儿园将社区的自然以及人文资源引入科学探究区的创设当中，可以丰富幼儿科学经验、培养幼儿探究意识，比如每年的植树节，幼儿园就可以把社区作为一个合作对象，带幼儿到社区参观种植树木的过程，之后将参观活动迁移到科学探究区的活动当中，让幼儿用种植小树的经验在科学探究区中探究种植花草，这种两者相互间合作的迁移学习对幼儿迁移能力的发展是非常好的，也为幼儿在各领域进行探究学习打下了良好的基础。

（三）合理配置探究材料，满足幼儿探究学习需求

幼儿科学活动中探究式学习的独特之一就是需要幼儿自己动手探究，这就离不开探究材料的配置，探究材料影响着幼儿能否引起探究行为，探究活动是否可以顺利开展。所以，幼儿园要合理地配置幼儿探究材料，满足幼儿的探究学习需求。

1.保证探究材料的种类和数量

幼儿园应当为幼儿准备充足多样，丰富的探究材料，保证每个幼儿都可以有机会接触到科学探究材料，教师再根据各自班级幼儿情况合理地投放探究材料数量，避免幼儿争抢现象的出现。还可以给幼儿配置不同种类的材料，以照顾到每个幼儿的需求，让幼儿有更多的选择，当幼儿对手上的材料失去探究兴趣时，就可以转换其他材料进行探究。幼儿园还可以根据结构的不同，为幼儿配置高结构的探究材料和低结构的探究材料，让教师根据本班幼儿数量情况和幼儿自身兴趣特点进行投放或者让幼儿自己选择不同结构的探究材料。

2.配置适宜幼儿发展阶段特点的探究材料

在对材料配置和投放时既要考虑到幼儿的年龄特点，也要考虑到幼儿的认知发展水平，为幼儿提供有层次的探究材料。

（1）根据幼儿年龄特点的不同，配置不同结构的材料。小班幼儿的思维特点发展还不完全，具有直观性思维，因此可以为小班幼儿配置一些高结构探究材料，高结构探究材料操作简单、直观性强，更适宜低龄幼儿。对于中大班的幼儿可以配置低结构材料，具有开放性、可操作性，更适宜中高年龄段的幼儿。

（2）根据幼儿个体认知发展特点的不同，配置不同种类的

探究材料。教师可以根据每个幼儿自身认知发展的情况来为幼儿投放材料，认知发展相对较好的幼儿可以为其投放更加开放性的材料，认知发展相对较慢些的幼儿可以为其配置稍保守的探究材料，使材料的配置都能满足幼儿自身发展的需求。

3.对幼儿的探究学习材料进行合理搭配

探究学习材料的配置应当进行适宜的搭配，在配置幼儿科学探究材料时，注意给幼儿配置一些有趣味性的材料，有趣的材料可以激发幼儿探索的欲望和兴趣，幼儿的稳定性较差，注意力容易转移，探究材料的趣味性可以帮助幼儿集中注意力。另外，选择幼儿比较熟悉的生活化的探究材料，可以帮助幼儿在理解上更容易接受，在操作上更加直观。

（四）丰富幼儿探究学习内容，激发幼儿探究学习兴趣

1.探究学习内容的选取要考虑幼儿的兴趣和生活性

把幼儿的兴趣点和关注点作为教育的有效起点，是幼儿主动学习和发展的动机，幼儿只有对探究的内容感兴趣，才会进入积极主动的探究状态。

首先，要以幼儿的兴趣点为基础选择探究学习的内容，教师平时要多关注幼儿，和幼儿多进行交流沟通，了解幼儿的想法和兴趣，以此来挖掘幼儿的探究兴趣点。教师也可以和幼儿一起共同讨论感兴趣的问题，问题可以是教师提出来的也可以是幼儿提出来的，然后再一起展开讨论，之后再进行筛选，延伸扩展，选择适宜幼儿的探究内容。教师还可以引导让幼儿们自己去搜寻感兴趣的探究内容，在活动过程中鼓励幼儿提出问题，引导幼儿自主探究，将探究内容变成生成性的内容。

其次，要围绕幼儿的生活来选择探究内容。幼儿的一切行为和活动都是发生在一日生活当中，所以内容的选择要回归到生活当中，而且从生活中选择的内容可以使幼儿观察探究起来更真切、更容易理解。教师要在一日生活中善于发现幼儿每一次所好奇的事物，使幼儿在每次有探究兴趣时都可以得到支持，比如秋天来了，叶子会由绿变黄，有些还会飘落下来，这些现象就会激发起幼儿的探究兴趣，教师可以以此展开科学探究活动，让幼儿探究学习了解叶子在秋天为什么会发生变化；再比如幼儿在课间操发现可爱的小虫子并感到好奇时，教师可以就此展开一次科学探究活动，这样既可以满足幼儿的好奇心和探究欲望，又可以使幼儿学习了解到科学知识经验，同时又非常贴近幼儿的生活，这种处理方式对幼儿来说，是一种更具独特价值的探索，有利于激发幼儿的想象力、创造力、探究力，也使幼儿成为探究的真正主体，能最大限度地挖掘幼儿的真实需求。教师要抓住每一次幼儿产生探究欲望的机会，善于利用这种教育契机，引导幼儿探究日常生活中有趣的一些科学现象，以此来培养幼儿学会发现问题、主动提出问题、动手解决问题的意识和能力，从而培养幼儿探究学习的能力。总之，教师要从幼儿的兴趣和生活出发，以幼儿为主体来选择确定探究学习的内容，内容的安排要合理适宜，不能以教师的个人意愿来确定探究学习的内容。

2.与家长合作一起拓展探究学习内容

幼儿科学探究学习内容的涉及面广，上至天文星体下至地理风貌，包含有许多方面的知识内容，而这些内容大都渗透于家庭日常生活当中。比如，我们生活中所吃的食物，大自然中的日月星辰，生活周边的花草树木等，这些都会使幼儿产生兴趣并想要探索，幼儿会好奇洗衣机是如何洗衣服的，微波炉为什么可以热东西等这些家庭日常生活中出现的科学问题。因此，在为幼儿进行科学探究学习内容的选择时也要考虑利用幼儿家庭方面的资源。关于幼儿科学教育方面，家庭与幼儿园是密切相关、互相补充的，幼儿科学探究学习需要家园共育完成，如果在科学教育活动中能加入家庭的紧密配合，可以丰富扩展幼儿科学探究学习的内容，同时能够增加幼儿科学探究学习的效果。教师可以通过家长了解幼儿在家庭中学习科学的情况，以此来作为幼儿科学探究学习内容选择的参考，比如幼儿在家中看电视时对某个科技产品产生好奇；幼儿在家自己做月亮变化的观察记录等，教师就可以从这些方面选择探究内容展开探究活动。

除此之外，科学教育活动中幼儿探究学习可以加入家长的参与，利用家长的经验来引导幼儿进行探究学习，也是幼儿探究内容的一种拓展。家长们不同的职业和经验可以补充幼儿探究学习内容所缺失的部分，比如家长是气象观测员，就可以让家长引导幼儿探究季节、气象等方面的内容，可以使幼儿了解到更为丰富的知识和经验。幼儿探究学习加入家长的参与，不仅可以丰富探究内容，扩展内容选择的路径，提升幼儿探究学习的质量，还可以增加幼儿园与家庭之间的联系和互动，有利于促进家园之间的关系。

（五）加强教师专业能力，提高幼儿探究学习能力

教师作为"传道授业解惑者"，要始终建立终身学习的思想理念，要不断地增加知识，更新自我知识体系，尤其在当今快速发展的时代，教师更要加强自我发展意识，不断地提高自我专业素养，才可以更好地做幼儿的引导者、合作者。

1、教师要通过自主学习来提高探究教学的引导能力

自我主动学习是教师提高能力和素质的基础和核心，也是自我改善的必要方法。因此教师应当具备积极、自觉的学习观念，在平日里应当积极主动地进行自我学习，不断充实自我，提高自身专业知识，对幼儿的引导才能游刃有余。教师可以从以下方面进行提高。

（1）拓展科学知识，增加知识储备。教师对幼儿科学探究学习的引导需要一定的知识储备来做支撑，但通过调查发现，很多教师对科学相关知识了解甚少，或是理解得都很浅显、片面，有的还会出现偏差。因此，教师需要增加自己的科学知识，扩充科学知识储备。教师可以通过很多途径和方式学习科学知识，比如阅读一些关于幼儿科学教育相关的著作，来开拓展自己的视野，从而找到自身的相关问题并进行纠正；或者搜集优秀的科学探究教育活动案例，作为参考学习的样本；再或者观看科学节目，关注有关科学知识的新闻来扩充自己的科学知识储备；还可以通过微信公众号、网络直播等网络媒体方式对科学知识进行了解。

（2）深入理解探究学习内涵，将理论与实践相结合。教师只有对幼儿科学探究学习的内涵有深入的理解认识，清楚什么是幼儿探究学习、探究学习的特点是什么，科学探究学习中幼儿在其中具有什么地位作用以及教师对于幼儿科学探究学习的价值所在等，才能很好地将这些理论转化为实际的教育行为，将理论和实践很好地结合，教师对幼儿的引导才更具有方向性。教师还可以将每一次在实践中得到的经验以笔记或是日志的方式进行归纳整理，为以后的实践提供参考和铺垫，在每一次新活动开展中验证并不断改正，发挥其应有的价值。

（3）不断地自我反思。除了自我学习之外，为了发现自己的短处，学习别人的长处，也需要自我反省，以此来取长补短，促进自身专业发展、积累教学经验。教师可以在实践教学后，与同事一起分析探讨，共同寻找教学中的不足之处，之后进行反思、归纳、研究、总结，再将反思后的理论运用到实践当中。幼儿教师只有不断地学习和反思，才能总结出经验和不足，形成自己的独特思维，提高自我专业能力。

2.幼儿园要为教师提供多形式的学习机会

教师的专业素养发展除了自身的不断学习提高之外，也离不开幼儿园的支持和培养，所以，幼儿园也应当采购优秀书刊、电子资源或是邀请专家进行指导等，为教师提供更多学习的机会和形式来提升教师的专业技能。

（1）幼儿园要不定期地对教师进行培训。幼儿园可以根据教师的教龄的不同，具有针对性地进行培训，比如教龄长的教师进行专业发展意识培训，教龄短的教师进行经验学习培训；也可以根据教师的学历和专业能力，提供不同需求的个性化培训。另外，幼儿园还可以邀请相关专家来园进行教学和培训，教师和专家近距离的交流沟通，可以帮助教师对理论知识有深入的理解和掌握，还可以引发教师的学习兴趣和激情。

（2）幼儿园要积极组织并支持教师参加相关的学术会议。每年学前教育都会有很多学术交流会议或者培训课程，这些学术会议和课程对教师来说都是极好的学习机会，通过参加学术会议来提升教师的专业素养也是一种有效途径之一。学术会议上大多数都是些资历高深的专家在进行分享和交流，这正是教师需要学习的一些经验。因此，幼儿园应当鼓励支持教师积极参加，并且经常组织教师参加相关学术会议。

（3）幼儿园应当每学年或是每学期为教师提供外出学习、观摩的机会。通过外出学习观摩，既可以积累教师的教学经验，对自我专业发展有所借鉴，也可以启发教师的思维，开阔眼界。

（4）幼儿园应当鼓励教师用探究的方式来开展科学活动。在科学活动中让幼儿用探究的方式进行学习应当被幼儿园重视，积极鼓励教师采用探究方式开展科学教育，同时加强教学管理，避免幼儿科学探究学习变为形式化。幼儿园可以定期组织教师观摩科学探究教学活动，再进行教研，让教师共同探讨、交流、分享科学探究活动的开展情况，提出指导意见。通过对科学探究活动展开的过程进行监测、调控、评价，使科学探究活动形成正规化、意义化，而非形式化，从多个方面来支持、鼓励幼儿科学活动用探究的方式进行开展。

第二节 幼儿园过渡环节活动的组织

一、过渡环节活动组织的表现

（一）幼儿园过渡环节活动组织的行为管理

1.行为期望

清晰的行为期望考察教师能否清晰、简明扼要地陈述规则和期望，同时在活动过程中保持规则的一致性或多个教师提出的规则期望相一致，并且以持续有效的方式强化班级中的规则。

（1）以树榜样和提问的方式表达期望。绝大多数教师都能够做到运用清晰易懂的方式表达出自己的期望与规则，让幼儿明确教师希望自己做什么以及怎样做，而不至于陷入消极等待与迷茫不知所措中。例如，军人是幼儿喜闻乐见的形象，其身姿挺拔，走起路来步伐整齐划一，铿锵有力，抓地有声，给人一种地动山摇的感觉。与此同时，幼儿的思维还处于具体形象的阶段，言语理解能力受到认知能力的限制，他们对于言语的思考与理解还需依靠于具体形象的事物，而像军人一样走路的期望更易于幼儿的理解。因此当教师发现幼儿在学习军人时，便可以立刻抓住幼儿的兴趣，发挥自己的教育机制，利用幼儿喜爱的榜样对幼儿提出自己对其走路的期望，即像军人一样具有精气神。①

（2）坚持规则的一致性，按照统一的规则要求每一位幼儿。教师坚持规则的一致性体现在教师能够按照统一的规则要求每一位幼儿。当教师树立规则、提出期望后，只要幼儿违反规则就会受到批评教育，绝不姑息。因此一些教师即使平常对待幼儿亲切和蔼，保持温馨和谐的情感氛围，但同时也绝不会对违规的幼儿姑息，充分做到言行一致。这种严慈并济的教育方式让幼儿对教师既爱戴又尊重，在心中对其树立起较高的威信，从而不敢轻易违反规则。

（3）通过重复来澄清规则。幼儿的记忆能力尚未发育完全，对规则的记忆时间有限，且幼儿生性活泼好动，因此常常会出现遗忘或违反规则的现象，这就需要教师通过不断重复来强化澄清规则。

2.前瞻性

前瞻性指教师对幼儿问题行为的预测和关注能力。通过对样

---

① 田欣桐.基于CLASS评估系统的幼儿园过渡环节活动组织研究[D].青岛：青岛大学，2020：18-43.

本视频的分析能够发现，绝大多数教师都能较好地做到有效关注幼儿，即使教师在和一个或一组幼儿交流互动，教师也能够关注到班级中其他区角的幼儿，从而能够主动且及时地回应幼儿的不当行为，而不是等到他们行为失控时对他们大声讲话，或者被动地要求他们全部停下来安静地坐着。还有部分教师在幼儿活动过程前就对可能出现的问题行为进行明确的预测，样本视频中教师对幼儿可能出现的问题行为的预测主要集中于两类：一是对于区角活动中可能出现的问题行为的预测；二是对于生活习惯问题的预测。

（1）对于区角活动中的问题行为的预测。区角活动是幼儿园一日生活中普遍开展的一种活动形式，占据了幼儿一日活动中较多的时间。在该活动中幼儿的自由自主性较强，幼儿可以根据自己的兴趣自主选择活动区角、同伴、材料等内容，正因为如此，在区角活动中幼儿也更易出现问题行为。

（2）对于生活习惯问题的预测。良好的生活习惯是幼儿身心健康的重要标志之一，其中饮食习惯是生活习惯的一个重要组成部分。挑食偏食会造成幼儿营养摄入的不均衡，从而严重影响幼儿各项身体机能。对此，部分教师要能准确预测到幼儿的挑食行为并进行教育。

（二）幼儿园活动组织中的活动安排效率

活动安排效率维度则衡量教师能否最大效率地安排活动以使幼儿学习时间最大化以及幼儿对活动的清楚程度，该维度主要包括以下观察指标。

1.使学习时间最大化

该行为观察指标考察教师如何为幼儿提供活动和有效地处理干扰时间及管理任务，主要有五个方面内容：提供活动、完成任务后允许选择（如喝水、洗手、看书等）、很少出现中断活动和出现混乱的情况、有效完成管理任务以及活动进度有节奏。其中样本视频中的教师对于幼儿的活动有着清晰的计划，给幼儿提供了明确的活动，幼儿无须消极等待，只要到达教室便可以开始活动，而一旦结束了一项活动并整理完毕，便可以立刻投入另一项活动中。例如部分幼儿进餐速度较快，教师便会让其先去看书或者玩雪花片。

在大多数情况下，教师能够直接忽略与当前活动无关的内容，不会让其干扰过长时间，以充分保证当前活动的顺利进行。教师会通过分组的方式让幼儿先后进行加餐等活动，教师也会在睡前散步后和幼儿一起玩木头人的游戏，教师摸到头的幼儿便可以进入教室，然后会在剩下的小朋友中找一个坚持最久的带领其他幼儿玩。此外教师会安排两个喝水值日生帮助幼儿接水，一个负责接喝的水，一个负责接漱口水，而不是一个一个地接水，让其他幼儿花很多时间等待。

2.常规

常规观察指标具体又包括三个观察线索，分别是幼儿知道要做什么、清晰的指导、幼儿注意力专注很少走神。在样本视频中，教师大多能够提供清晰的指导，为幼儿制定活动计划或提供活动选择，告知幼儿下一步可以做什么。

3.过渡

有效的过渡是提高活动效率的一大重要指标，包括三个观察线索：简明扼要、明确下一步、蕴含学习机会。通过对样本视频的分析可以发现，过渡环节整体迅速顺利，教师也能清晰地明确下一步，为幼儿指明活动方向，例如在教学前的过渡环节，教师会安排幼儿"喝水小便"，而不是简单地说"请小朋友们做好上课前的准备工作"。此外，在过渡环节也蕴含着丰富的学习机会，主要包括在过渡环节培养幼儿良好的生活习惯、学习游戏玩法，以及学习与现实生活相联系的内容。

二、过渡环节活动组织的优势

（一）提供清晰且一致的规则和期望

教师能否提供清晰且一致的规则和期望，是影响师幼互动活动组织质量的一大重要指标。在集体教育活动中，尽管大部分教师能在活动前或者在活动中清晰地陈述活动规则，但是部分教师不能保持一致性。当提出规则和期望后，由于幼儿的记忆能力尚未发育完全，对规则的记忆时间有限，且幼儿生性活泼好动，因此常常会出现遗忘或违反规则的现象，而这时教师就会通过不断重复来强化澄清规则。

（二）具备前瞻性，能够对幼儿进行实时关注

前瞻性指教师对幼儿的关注能力和问题行为的预测能力。通过对样本视频的分析可以发现，绝大多数教师都能较好地做到有效关注幼儿，积极地投入巡视、走动和互动的工作中。在活动过程中，教师在班级内来回走动，与不同的幼儿进行交谈、互动或者帮助其解决问题，以强化幼儿的行为。

除了培养幼儿良好的生活习惯外，教师还利用过渡环节引导幼儿学习游戏玩法以及学习与现实生活相联系的内容。如教师会利用区角活动后的过渡环节，带领幼儿重温之前学习的绘画方法。再如，在户内外过渡环节，教师会向幼儿介绍交通规则和蔬菜的形状等与现实生活相联系的内容。

第三节　幼儿园社会实践活动的组织

一、幼儿园园长促使幼儿园社会实践活动制度化

幼儿园社会实践活动是一个受多因素影响、多层次机构、多主体参与的复杂综合体，当前各个幼儿园社会实践活动的实际开展情况良莠不齐，要想把这个综合体里的每一个因子都组织起来并最优化地发挥其最大作用，高效、高质完成一次社会实践活动，就必须有一套完整的规章制度，使这方面的工作有章可循，有制度可依，促进社会实践活动井然有序开展。

首先，幼儿园应当建立一套专门的幼儿园社会实践活动管理规范制度，如活动研发建设制度、申报审批制度、家园社区联系制度、财务管理制度、安全管理制度、规范操作制度、责任追究制度、评估考核制度等，制订有关社会实践活动的工作细则，提供一套活动参考手册。幼儿园还要安排负责幼儿园内部人员领导、管理、监督社会实践的实施，确定每个岗位上教职工的权力和责任，形成关于社会实践活动联动一体化的规范工作体系，规范教师实施社会实践活动时的内在准则和标准，提高教师的工作效率，也便于园领导推行量化管理。

其次，幼儿园社会实践活动应该纳入幼儿园教学的总体规划

当中,从一开始就纳入幼儿园年度计划和学期计划教育教学计划之中,并以制度的形式规定每学期每个班级社会实践活动的开展频次和内容。幼儿园应该保障每名幼儿每学期参加不少于 1 次的园外社会实践活动,逐步确定社会实践活动实施的学期计划、标准化流程、基本要素等,促进活动的规范开展。

再次,幼儿园可以建立社会实践活动的资源包,将活动的成果和经验以文本的形式积累下来,为幼儿园社会实践活动的制度化建设奠定基础。幼儿园社会实践活动的资源既包括看得见的物化的资料,比如国家或教育部门有关社会实践活动的法规性质的文件、计划方案、安全预案、幼儿作品、活动中人员的讲解词等,也包括反映幼儿活动中具体表现的过程性资料,比如图片、视频、文稿等一手资料。这种资源包的建立既可以采取网络资源的形式,也可以采取标准文本化的形式,可以在幼儿园微信平台、园所网站等开辟社会实践活动专题网页,既积少成多,记载幼儿的成长足迹,向公众展示幼儿园教育效果,又方便教师之后依据这些材料反思和发现问题,建立起一个内容多样、方便易取的课程资源共享平台,为今后幼儿园的社会实践活动制度化建设提供参照标杆和范本,更好地促进幼儿在社会实践活动中的成长和发展。这种资源包的建立不是为了幼儿园等级评定或课题申报,而是从每一次社会实践活动开始,不断地积累经验,是一个从无到有、不断完善、日积月累的过程。①

有了第一次活动经验的积累,后续活动开展过程中再对这一经验不断补充、改进、逐步完善,就可以慢慢形成相对固定但又可灵活调整的活动流程,这样就把一系列复杂的社会实践工作方

①安娟.幼儿园社会实践活动的研究[D].上海:华东师范大学,2020:182-189.

方面面加以梳理，变成一套系统的组织体系和制度化的框架结构。当所有的教师都能自觉按照规章制度组织和实施幼儿园社会实践活动时，就标志着幼儿园社会实践活动制度化建设已经形成并取得了有效的成果。

二、幼儿教师促使幼儿园社会实践活动常态化

幼儿园社会实践活动常态化最好的办法就是教师将社会实践活动与班级的课程相关联，整合到教学单元当中，从属于幼儿园整体课程的一部分，而不是隔离在教师实施的课程之外。一旦将课程要素纳入幼儿园社会实践活动过程，那么幼儿园社会实践活动的课程开发、课程目标、课程实施和课程评价都会逐步步入正轨，社会实践活动的规范性和科学化不断增强，最终使幼儿园社会实践活动课程化成为"常态化"，同时也丰富和拓展了课程内容。幼儿园社会实践活动与春秋游不同，它是幼儿集体参加的有组织、有计划、有目的的园外参观体验实践活动，具有实践与学习的双重目的。教师可以根据幼儿的具体年龄特点和地域特色，自主研发以社会实践活动教育为特色的园本课程和地方课程，社会实践活动的目的应该对应幼儿园园级、年级、班级课程教学目标，要契合幼儿园的育人目标、培养方案和教育理念，促进其与五大领域课程相互融合、相互渗透，与园内活动统筹协调，制定具体的社会实践活动课程实施计划，编写相应的课程标准，这样才能以将社会实践活动这一新的课程形态嵌入幼儿园原有的整体课程框架当中，促进两者有机融合，避免"水土不服"的现象发生。

作为与小学相衔接的幼儿园教育系统，需要一步步推动幼儿园社会实践活动课程化的建设，将社会实践活动融入幼儿园教育教学计划当中，促进社会实践活动与幼儿园教学主题课程的融合，

精心设计社会实践活动课程。陶行知先生提出"生活即教育、社会即学校，教学做合一"的生活教育理论，教育必须和生活结合起来才能发挥作用。因此，幼儿园社会实践活动与其他教育活动一样，应该被看作是一种实践形态下和活动形态下的综合性课程，这种社会实践活动课程是在幼儿园学期教学时间内进行、秉持教育性原则、带有教学目的的教育教学活动。美国教育家施瓦布的实践性课程理论，批判了传统的泰勒提出的"目标模式"课程理论，他主张把课程看作一个相互作用、动态、有机的实践过程，追求课程的实践性，注重活动过程与结果、目的与手段、教师和学生的统一。这种课程的主要特点在于幼儿是在大自然、大社会、大环境下进行的一种有计划的自由学习，这种学习没有教室墙壁的阻隔，没有书本和教材，没有五大领域的分类，甚至没有主导的教师，它是一种整合的、灵活的、非正式的课程方式。这种课程以其独特的优势弥补了幼儿园中正式课程和正式学习的不同，给予幼儿一段更加富有色彩的、鲜活的生命历程，这种课程的目的在于支撑园内教学，增长知识和拓宽视野。

三、幼儿家长促使幼儿园社会实践活动多样化

未来家庭每年的教育支出将占其总支出的重要一部分，家长教育观念不断提升，会更强调幼儿的素质教育和个性化发展，幼儿园社会实践活动会得到越来越多家长的支持。

幼儿园社会实践活动中，家长成为教师重要的合作伙伴，他们在稳定幼儿情绪，对幼儿进行个别化教育，充当活动的志愿者，保护幼儿的安全等方面都具有重要的作用。社会资本理论表明，家长背后的职业优势是一种重要的社会资源，幼儿的家长来自社

会的各行各业，可以弥补幼儿园某些方面教育资源的欠缺。目前的社会实践活动现状是幼儿园这个教育体系和社会机构是分开的、独立的，两者之间亟须搭建一个互通的桥梁，让双方信息对接、沟通，建设一个双方交流、合作的平台。这样幼儿教师在开展活动就不会愁于找不到合适的资源，社会机构也可以充分将自己的价值发挥最大化，甚至主动辐射到幼儿园。而家长就可以很好地担任起这个类似于"房产中介"的角色，先是对幼儿园提出的社会实践活动申请和诉求进行处理和分析，再对比自身已有的人力资源、职业优势、专业所长等进筛选出适合幼儿园开展本次活动的活动场所，逐步开发出幼儿园社会实践活动资源地图。这样的家长资源如果将来发展成熟，就可以成立一个专业的幼儿园社会实践活动研究协会，为活动提供资金及人力资源的支持，同时可以建立社会资源档案，为幼儿园开展社会实践活动提供良好的资源分类指南，方便幼儿教师今后随时获取。

四、社会场所促使幼儿园社会实践活动精细化

社会场所是实现教育目标的重要载体，发挥着重要的作用，目前社会场所针对幼儿这一群体的社会实践活动的服务还不够精细化，服务设施和工作人员没有做到对大学生、中学生、小学生和幼儿的区别对待和个性化服务。社会场所本身应该自觉加强针对幼儿园社会实践活动的基础设施和规章制度建设，对原有资源进行升级改造，充分利于自身和周围丰富的社会资源，在遵循多样性、内涵性、创新性、专业性、参与性、定制性等原则上积极开放、设计具有竞争力的社会实践产品，制定突发事件的应急预案和各项安全规章制度，确保活动安全。同时，还要吸纳懂幼儿

懂教育的学前教育专业优秀人才并进行培训，组织其按照教育行政部门的意见和幼儿园的具体需求，教研和开发出与幼儿园教育相衔接的课程，选聘一批有责任心和协调组织能力强的教师，协助幼儿园组织和实施活动，以培养幼儿的综合发展为核心，开展生存体验、素质拓展、科学实践、专题教育等丰富多彩的实践活动。

幼儿园社会实践活动有时候会委托给商业旅行社或少儿研学机构操作，这样的第三方合作机构只有经过认证、口碑好、专业，才能成为幼儿园的首选合作伙伴，才能确保活动的安全、有效开展，才能真正让教师和幼儿受益。比如现在有些专门做博物馆研学的机构，它们就将幼儿园与博物馆、幼儿与文物对接起来，并配备专业的指导人员，全权负责本次活动，这可以在很大程度上为幼儿教师开展社会实践活动减负。教师只需要将要求的内容传达过去，建立活动与课程之间的联系即可。对于没有委托第三方机构的幼儿园，社会场所应当严格执行幼儿票价优惠或减免政策，运用自身的优势，多开展针对幼儿的公益性活动，组织培训适合幼儿园需要的专业课程讲解人员和活动组织管理人员，配套完整设施，提供优质服务，形成完整的"自产自销"产业链，还可以通过携程、去哪儿、同程等为代表的互联网旅游电商平台进行线上的推广。社会场所要与当地的幼儿园建立长期、稳定的联系，便于幼儿园今后活动的开展，使双方形成良性的合作关系。

第四节 幼儿园户外活动的组织——以大班为例

幼儿园户外活动的组织实施应做到以下方面。

一、保证户外活动的实施时间

保证户外活动的实施时间，是幼儿获得充足的有质量的活动体验的前提。无论哪种游戏，都需要给予幼儿充分的时间去探索、尝试。幼儿园管理者、教师、和家长都应该树立科学的户外活动观，幼儿园不应该片面追求园本特色而开设很多不必要的课程，占用幼儿户外活动时间，减少因家长的错误观念而违背幼儿园应该以游戏为基本活动的理念。幼儿园在制定活动时间表时，应适度增加幼儿的户外活动时间，教师在组织幼儿活动时，应综合考虑各个方面，不单只是遵循固定的安排，而是根据幼儿身心发展规律灵活施教。幼儿园应加强对户外活动的管理，户外活动时间不应随意被占用取消，时间是保障幼儿户外活动的关键一环，在给予时间的同时，同样应该关注施教的质量。高水平的游戏活动与活动时间紧密相连，为幼儿提供充足的户外活动时间是保证幼儿户外活动权利实现的先决条件，充足的时间可以满足幼儿尽情地在户外游戏的愿望，幼儿可以从容自由地选择游戏伙伴，讨论合作的角色，分配小组的任务，沉浸在丰富多彩的游戏氛围中。

二、丰富户外活动的内容与形式

幼儿是幼儿园户外活动的主体，教师应该满足幼儿在户外活动中各方面的需求。首先，在内容选择方面，不能因为过分考虑安全而限制幼儿能力的发展和提高，更不能把教师的意愿强加给幼儿，使幼儿处于"被游戏"的状态。其次，在活动的内容和形式上应该询问幼儿的意见，通过幼儿的自主选择，激发幼儿内在的活动动机，决定活动开展的组织形式，只有充分给予幼儿宽松自由的环境，才能调动幼儿的积极性。最后，集体体育活动与自由游戏活动在教育实践过程中是紧密相关的，两者都对幼儿身心健康发展有一定的影响，既不能相互替代又不能偏废。

在户外活动中，要关注到幼儿发展的全面性，既要注重肌肉的发展也要注重在运动中的速度与耐力；既要注重上肢的发展也要注重下肢的力量；既要把握投掷的准确性也要注意距离要求。幼儿动作技能、身体素质的提高是一个循序渐进的过程，其中走、跑、跳、投掷、平衡、攀登、翻滚等基本动作是交互进行呈螺旋式的上升发展状态。教师和幼儿园应该努力构建系统、科学、全面的内容体系，科学地促进幼儿身体运动能力的发展，活动内容和培养目标的设置应该平等均衡，不能因为害怕危险或者组织起来比较困难而减少对幼儿运动能力的锻炼与培养。幼儿的安全不是简单的被动保护，而是要让幼儿在积极的户外活动中提高自我保护的能力。总之，幼儿身体运动方面的各个维度都要全面考虑，不能只注重某一方面的发展而忽视了其他方面的发展。

在幼儿身体运动方面要注重全面性，在活动的内容方面也要全面考虑各种类型的游戏，为幼儿的全面和谐发展提供支持。在户外活动内容中添加种植区、养殖区等科学探索区域，不仅满足了幼儿的好奇心和探究欲望，还能够激发幼儿对于科学的热情，在大自然中感受科学的奇妙。户外环境中的花草树木、四季轮回充满了变化，幼儿可以像科学家一样充满好奇心、求知欲的播种种子，观察其发芽成长的过程，专心地观察追踪蚂蚁搬家、蜗牛爬行，这些都可以给幼儿带来良好的体验，教师可以联系每月主题，将活动延伸到户外，进行深度学习，把活动环境还给幼儿。在创设户外活动环境时，幼儿园要充分考虑自身因素，因地制宜，与本土资源相结合，充分利用周围环境，合理规划场地，最大限度地满足幼儿活动的需要。

三、优化户外活动的材料与选择

（一）丰富材料种类

幼儿园应根据幼儿需求适当增加户外活动材料的投放，创造更优质的条件，以确保活动顺利展开，提升幼儿参与度。

活动材料的丰富性。丰富多样的活动材料不但能够激发幼儿参与活动的热情，还能够促进教师为幼儿创设新颖的户外活动情境。材料投放的数量并不是越多效果越好，若过度投放，则会影响幼儿深入开展探究活动。在投放时，应当从科学性、适宜性、发展性等方面深入考虑斟酌。

第二，重视材料投放中幼儿的互动行为。活动材料不仅仅是摆设，而是幼儿与幼儿之间沟通的桥梁。例如：一个塑料圈，幼儿可以商量跳着玩，也可以当套圈，还可以滚着玩，引发一系列的活动行为，激发幼儿的创造力。在这一过程中，幼儿与同伴积极沟通，组织协调，制定规则，相互学习，为养成良好的社会交往打下了基础。

第三，重视低结构材料和自然材料的作用。幼儿园户外活动的创造性游戏需要一定的高结构玩具材料，以引发幼儿的游戏主题，但更需要大量的低结构材料和自然材料，以支持幼儿在假想的游戏情景中以物代物。幼儿可以移动、操控、改变这些材料，在这样的过程中，幼儿自由想象，身心投入地参与具有挑战性与刺激的活动，从而让创造性思维、批判性思维得到发展，身体、社会、认知领域的经验不断生长。

虽然安全是幼儿开展一切活动的前提，但科学适宜的户外活动决不能迁就"安全"而放弃发展和挑战。理想的户外活动既能让幼儿在现有水平上看到成功的可能，又能给予一定的难度，使幼儿在挑战中获得自信与发展。教师应该放手让组织能力较强的幼儿去组织游戏，创编游戏，设计并规划游戏场地，甚至自己动手制作材料，自己分组，自行解决游戏中的问题，在这一过程中，教师对幼儿的活动进行观察并适时给予有效的指导。[①]

（二）提供多样化选择

开放的环境设施，丰富种类、数量充足、可移动、可组合的材料都有助于幼儿游戏活动水平的提高，而多样、开放的选择能够促使其运动经验的不断提升，充分发挥户外活动材料的多种功能，使其在原有设计的基础上延伸出更多玩法，通过多种材料的组合，创设出不同的游戏情景，从而丰富活动的内容，这种开发可以突破思维模式，改变材料的传统利用方式。例如：拱门可以钻，也可以当成足球比赛的球门；海绵棒既可以围成圈当篮筐，也可以摆成不同形状用来跳跃。教师应该给予幼儿更多自由自主的空间，充分尊重幼儿的活动。

第五节　幼儿园主题性区域活动的组织

一、转变观念，合理规划主题性区域活动

思想是行动的先导。主题性区域活动的有效开展离不开幼儿

---

①罗丹.幼儿园大班户外活动组织研究[D].大连：辽宁师范大学，2020：40-46.

园教育管理者和一线教师对其价值和教育意义的深入理解，并对其给予应有的重视，将其摆放至应有的位置。主题区域活动是当前幼儿园实施教育的重要内容和重要途径，区域游戏活动与主题教学活动等都是教育的有效手段，或者说是一种更高阶的教育形式，可以让幼儿实现自主和内化。建构主义学习观强调主客体的相互作用，鼓励幼儿自由探索、主动体验，使其不仅知其然，还要知其所以然，从而不断激发幼儿解决问题的能力。而主题区域活动作为一种建构式教学形式，可以从多角度影响受教育者，以提高教育效果。因此，需要教育工作者围绕主题开发多种教育方法，灵活运用多种渠道开展主题性区域活动。但是，目前幼儿园教育工作者在主题教育中往往重视集体教学活动和特色专题活动，并没有把区域活动列入正式教学计划，只是将其视为一种配合环境创设的教育补充或随机教育，没有给予主题性区域活动应有的重视。所以，为了从一定程度上改变主题性区域活动开展过程中不合理因素的存在，下面提出一些具体的优化建议。

（一）提高幼儿教师对主题性区域活动的认识

一般来说，在开展幼儿园主题区域活动时，教师需要坚持计划性与生成性相结合的目标。计划与生成并不矛盾，计划是课程发展的基础，以教师对主题性区域活动的预设为主；生成是课程发展的拓展，以幼儿在主题性区域活动中的活动表现为主，两者的侧重点虽有不同，但是，如果将计划与生成进行有机结合，将会创造出更为生动精彩的教育活动。那么，在实施主题性区域活动时，如何做到计划性，怎样实现生成性呢？

首先，主题性区域活动目标的计划性可以体现在：在开展主题性区域活动之前，需要预设主题区域活动的目标。第一，幼儿教师需要深入思考选定主题的价值；第二，幼儿教师需要初步拟定主题性区域活动目标；第三，幼儿教师需要根据幼儿所处的"最近发展区"，结合幼儿已有的认知经验、能力发展水平、兴趣爱好进行区域活动目标的预设；第四，幼儿教师需要考虑社会背景，联系社会生活的方方面面制定主题性区域活动目标，帮助幼儿感知到区域活动的真实性和趣味性。在初步构建主题性区域活动时，可以坚持计划—实施—调控—再计划—再实施—再调控的步骤，不断优化主题性区域活动的教学实践。

其次，主题性区域活动的生成性可以体现在：教师在与幼儿一起进行区域活动时留心观察幼儿的日常活动和区域活动情况，逐渐发现幼儿的兴趣和需要、间断点和奇异点，运用自己的教育理念、教育知识去解读幼儿行为背后的原因，采用不同的教育方法、教育手段激发幼儿的潜能，帮助幼儿构建新的认知体系，形成新的价值理念；同时，为幼儿提供"有准备的环境"，通过主题谈话了解幼儿的现有发展水平，在主题背景下的各区域活动中，给幼儿提供充分的自由，让幼儿自由发展、自主创造，教师需要做的就是用心观察，必要时为幼儿提供帮助和指导。比如，中班幼儿在美工区尝试制作水果时，发现自己想用的超轻黏土不够了，教师这时需要及时捕捉这一信息，为幼儿提供材料，为幼儿后续的操作活动提供支持，扫除障碍；又或者小班幼儿在建构区搭建"楼房"时，总是尝试不出合适的材料来搭建"楼房"，这时，教师可以找到更为合理的"楼房"搭建材料在幼儿旁边自言自语地说一些暗示性语言，激发幼儿的模仿行为，启发幼儿思维。此外，在主题区域活动中定然会存在一些不确定性，比如幼儿在活动中产生了新的兴趣点，教师就需要运用教育智慧来衡量和判断这个兴趣点的价值和意义，必要时将幼儿的兴趣点与主题相连接，与五大领域教育内容相融合，将生成的新的活动纳入主题性区域活动体系之中，进行灵活开放的设计。

最后，主题性区域活动是一种动态的师幼共同学习、共同建构世界观的教学组织形式，显现出计划与生成、线性与非线性特征。教师在组织实施主题性区域活动的过程中，要始终坚持以幼儿为本，尊重幼儿，热爱幼儿，给予幼儿足够的探索和发展空间，在面对新问题、新情境时，既要遵循规则，又要不局限于规则，在此基础上创造出新规则，实现质的飞跃和发展。

（二）创设符合幼儿年龄特征的区域活动环境

1.区域空间布局要舒适合理

环境具有隐性教育价值，是幼儿"成长的沃土"。在主题区域活动中，区域环境是主题课程的一部分，区域环境的整体设计、创设是主题课程设计的关键。在主题区域活动的环境布置上，需要体现以幼儿为中心的教育理念，重视区域环境的安全性、丰富性、适宜性和针对性，注重幼儿的参与和感受。在幼儿园班级中进行区域布局时，需要根据区域特点尽可能合理地进行区域布局。如建构区较为嘈杂，可与阅读区相对而设，布置在相对独立的、较为宽阔平整的区域空间；美工区可与阅读区相邻，布置在较为宽敞、便于取水的地方；阅读区尽量选择在温馨安静、光线充足的地方，可临近益智区，但要与表演区、建构区等较为嘈杂的区域分开；表演区可与建构区相邻，呈"半开放"形态。此外，班级中的区域布局并不是一成不变的，可随主题或幼儿区域活动状态的变化而进行动态调整。

2.坚持科学的区域材料投放原则

在对幼儿园的实地观察中能够发现，如果教师在某一个活动区域内投放了新颖独特的活动材料，在活动选区中，幼儿会更心仪这样的活动区域，更容易激发幼儿的区域探索欲望，培养幼儿的动手操作能力、思维能力以及意志品质。为了更好地将幼儿对材料的"兴趣"转化成"真问题"，教师在进行主题区域活动材料投放时，可以遵循以下原则。

（1）注重材料投放的安全性原则。在进行材料投放前教师需要检查一下活动材料的材质、形状是否适合幼儿玩耍，幼儿在与材料的互动中是否会造成伤害，在确保安全的情况下投放活动材料，并定期检查区域材料。

（2）注重材料投放的丰富性原则。在主题性区域活动中幼儿主要是通过对区域材料的探索来积累经验，提升能力，培养情感的。因此，教师在投放区域活动材料时，一定要注意保证幼儿活动材料类型多样，种类丰富。比如，在中班"小小美食家"主题背景下，阅读区的材料投放可以包括：与食物相关的绘本故事，如《南瓜汤》《食物的魔法》《一园青菜成了精》《胡萝卜怪》《青椒小超人》《狼大叔的红焖鸡》《胡椒南瓜汤》《黑猩猩的面包店》等；与饮食习惯相关的绘本故事，如《爱挑食的小狐狸》《肚子里有个火车站》《如果不吃青菜》《好饿的毛毛虫》《爱吃青菜的鳄鱼》等；与饮食情感相关的绘本故事，如《爷爷的肉丸子汤》《石头汤》《红豆粥婆婆》等。

（3）注重材料投放的适宜性原则。比如，小班幼儿年龄较低，可以多投放一些高结构性的材料，更有利于主题的确定和游戏情节的展开；中、大班的幼儿年龄较长，可以多投放一些低结构性的材料，更有利于激发幼儿的想象和创造。

（4）注重材料投放的层次性原则。根据幼儿的认知经验和实践能力有层次地进行材料投放，尽可能促进每个幼儿都能够在原有的发展水平上获得进一步的发展和提高，推动幼儿最近发展区向下一个阶段迈进。同时，满足幼儿个性化、自由化发展的需要，做到因材施教。例如，在"小小美食家"主题背景下，建构区的材料投放可以包括：积塑材料，其易于拼插和固定，更适合能力稍弱幼儿的建构需要；积木材料（如木质本色大中小型积木、主题建构积木等）、废旧材料和半成品材料（如纸盒、易拉罐、纸箱、纸杯等）适合于建构能力较强的幼儿进行操作；其他辅助材料（如小动物模型、花草模型、人偶模型等），用于激发幼儿的想象力和创造热情，不断丰富幼儿的主题性区域活动。

（5）注重材料投放的灵活性原则。材料投放的灵活性主要表现在：①教师需要根据幼儿的年龄特征进行有针对性的材料投放，比如，小班幼儿模仿他人游戏的行为较多，在材料投放时需要注意材料的种类不必过于丰富，但相同类别材料的数量一定要多；中、大班的幼儿自主创造能力和自我意识逐渐发展，在材料投放时需要注意相同材料的数量不必过多，但材料的种类一定要丰富；②材料投放后，教师需要围绕活动主题和幼儿操作情况灵活进行调整，材料的调整对于幼儿会产生一种暗示作用，无形中会影响幼儿的行为表现，适时的调整材料，既能够支持幼儿自主游戏，积累感性经验，又能够对深入挖掘主题起到推动的作用。材料调整的时机可以有：幼儿表现出对材料失去兴趣；幼儿在区域活动中遇到困难；幼儿产生创造性行为；幼儿与同伴发生激烈冲突等。

（6）注重材料投放的兴趣性原则。教师也可以邀请幼儿参与到主题区域活动的创设中来，幼儿自己选择区域材料进行投放，会更熟悉、更感兴趣、更乐意在区域活动中去操作摆弄，进行探究思考，使幼儿真正成为区域活动的主人，自主构建主题区域活动环境。

（7）注意利用材料加强各区域之间的联系。在主题性区域活动中幼儿会制作完成许多与主题相关的材料，这些材料也应该被有效利用起来。比如，在"小小美食家"主题背景下，幼儿在美工区制作了餐厅招牌、餐厅服饰以及各种各样的特色美食等，这些主题材料可以供表演区的幼儿游戏，为他们提供丰富的活动材料，创设游戏环境，增强活动的主题性，同时，又能够增强美工区幼儿进行区域操作的自信心和成就感。

3.加强主题性区域活动与幼儿经验的内在联系

在开展主题性区域活动时，教师需要主动地、全面地、真切地了解到本班级全体和个别幼儿的知识能力水平，做到心中有数，眼中有幼儿，全面认识幼儿的现有水平。另外，教师需考虑主题性区域活动的预期达成目标，将幼儿现有水平与预期目标之间的差距进行评估，并为幼儿的下一步发展搭建学习支架。比如，可通过提供主题区域活动的前期经验、遵循材料投放的原则，不断加强幼儿对主题活动内容的了解和兴趣，填补幼儿发展差距之间的"空白"。只有这样，才能将主题性区域活动与幼儿获得的前期经验进行有效衔接，帮助幼儿在各区域活动中实现真正的、连续的发展。

（三）提高幼儿教师观察记录的意识和能力

观察是幼儿教师开展区域活动的前提和基础。通过观察能够让幼儿教师更清楚地了解教育对象；更科学地设计活动和课程；更专业地审视自身教育工作的适宜性。因此，在主题性区域活动中需要提高幼儿教师观察记录的意识和能力。

1.提高观察的意识和敏感性

观察可以帮助幼儿教师真实地了解幼儿在区域活动中的状态，了解到幼儿行为背后的原因；观察可以帮助教师有效地创设主题性区域活动环境，根据幼儿的兴趣和需要有针对性地投放区域材料，推进区域游戏进程；观察可以帮助教师及时捕捉教育契机，选用恰当的教育方式方法，适时进行介入和指导，促进幼儿创造性发展；足够的观察记录为进行主题区域活动评价提供了基础，使得其更加注重以幼儿为中心，进行过程性评价。观察这一行为非常具有意义，因此幼儿教师需要不断提高自身观察的意识和敏感性。比如，广泛地查阅文献、期刊、关注网络教育资源，学习先进的教育理念，将理论与幼儿的区域活动表现联系起来，学以致用，提高观察的自觉性；另外，也可以制定观察计划，通过自身的观察实践，提高观察意识。

2.学习并掌握观察记录的方法

观察的方式可以是有目的地观察也可以是随意观察。那么，教师在实施主题性区域活动的过程中，究竟需要观察什么呢？比如，幼儿对主题区域活动的兴趣和意愿；活动材料的选择和操作情况；在活动中遇到的问题或冲突以及解决方式；活动过程中与同伴的互动交往情况；对规则的理解和遵守情况；对活动任务要求的完成情况；活动中获得认知、技能、情感方面的成长等。

在主题性区域活动中教师观察记录的方法包括：第一，叙述方法（如日记记录、轶事记录、实况记录）；第二，取样方法（如事件取样和事件抽样）；第三，判断导向方法（如检核表法和等级评定量表法）；第四，图示方法（如流程图、直方图、饼图）；第五，其他辅助方法（如拍照、录音和录像）。这里需要注意，每种观察记录的方法都存有优势和不足，教师在进行主题性区域活动观察记录时可以根据自身需要将以上所提及的观察记录方法结合使用，从而达到更好的观察记录效果。

（四）优化主题性区域活动的组织实施过程

1.调动幼儿原有经验，保证活动开展的连续性

在主题性区域活动开展之前适时地调动幼儿的原有经验是有必要的。只有为幼儿提供与主题相关的、充足的前期经验才能够为幼儿正式进行区域活动奠定良好的基础。引导幼儿逐步迁移和运用自身具备的经验，将这些零散经验进行整合，促进幼儿自主学习能力的进一步提升。比如，在美工区制作雪花火锅店的招牌时，需要用雪花来装饰火锅店招牌，恰巧幼儿之前学习了用剪刀在纸片上裁剪雪花的方法，但随着时间的迁移，绝大部分幼儿忘记了雪花的制作方法。这时候教师可以引导幼儿回顾雪花如何制作，总结幼儿说出雪花制作的步骤，通过迁移原有的经验技能更好地进行雪花火锅店招牌的制作，推动活动进程。

2.尊重幼儿的主体地位，提高幼儿参与活动的积极性

教师在实际指导中需尊重幼儿进行区域活动的自主性，明确自身的角色定位，以幼儿为中心，尊重幼儿在活动中的主体地位，

使自己变成知识的源泉而不是权威。教师在开展新的主题内容时，一定要根据幼儿的接受能力去传授足够知识经验，为接下来的活动做一个良好的"铺垫"；在主题谈话结束后的选区环节中，要自觉尊重幼儿活动的想法，尽最大的可能去满足幼儿的活动意愿；关于主题区域活动的时间，需要按照幼儿的所处的年龄阶段和活动兴趣进行弹性调整，认真对待幼儿在活动中的提问，积极培养幼儿独立思考并积极寻找问题答案的探究意识；在开展区域小组合作互动活动时，要教会幼儿学习倾听别人的意见，并勇于表达自己的观点，不断培养幼儿的语言表达能力，在活动过程中重视同伴之间的对话，允许并支持幼儿开展无限制讨论，提供开放性参考答案，鼓励幼儿反思自己的经验，将主题区域活动归还给幼儿，让他们在自由中收获知识、能力和美德。

3.密切幼儿区域游戏活动与主题教育活动的联系

主题性区域活动的构建是一个相对严密完整的教学体系。教师在开展主题性区域活动时，需要强化主题意识，各个活动区的活动都需要围绕主题来开展，包括集体谈话、材料投放、区域环境布置等各方面都应该体现活动主题。同时，还需要强化目标意识，区域活动目标作为整个活动的核心，活动准备、活动导入、活动展开、活动评价以及活动反思等环节都要围绕活动目标逐步开展和深入。因此，教师在开展主题性区域活动时，需要有意识地围绕活动主题和区域目标组织幼儿参与区域活动，密切区域游戏活动与主题教育活动的联系，使得各个区域活动内容不偏离主题，最终实现预期目标，优化区域活动效果。

4.运用灵活多样的策略，介入指导幼儿活动

教师的敏锐反应和及时应答，反映的是教育智慧，它源于专

业知识、教育观念以及实践中不断的反思。教学活动中，教师需要找准时机，适时介入（不要过早或过晚），促进幼儿自主学习能力的提升。在幼儿开展区域游戏时教师是否需要介入指导、如何介入指导，实际上是价值判断、得失比较的过程。所以，适时介入和退出都是促使幼儿更好发展的契机。比如，幼儿在阅读区翻阅图书时，教师在确保幼儿安全的情况下，需尽可能地减少对幼儿阅读活动的介入，一方面，为幼儿阅读提供足够的时间和空间，让幼儿在与绘本、图书的对话中，去发现、去体验、去感受，培养幼儿的阅读自主性；另一方面，给予幼儿协商交流的机会，锻炼幼儿的同伴协商、人际交往能力。

在组织开展主题区域活动时，可以采用直接指导与间接指导相结合的方式，比如直接指导，除了语言指导外，还可以尝试使用观察、示范、表情、眼神、动作、手势等指导方式介入幼儿的游戏过程，恰当地点拨、推进、延伸、强化或提升幼儿对主题区域活动的理解和自主学习与操作能力，帮助幼儿更好地获得发展。同时，也要加强间接指导，注重同伴交流互动、材料投放方式的调整、区域环境的布置、活动规则的隐性作用。例如，通过在对大班幼儿的实际观察可以发现，由于这些幼儿的生活经验较为丰富，在活动中的想法就会多一些，有时候幼儿会很大声地和周围的小朋友说话，出现"串区"行为，导致整个班级环境很吵闹。教师可以在组织主题性区域活动的过程中，强调活动规则的重要性，让幼儿理解只有以规则为引导，才能更好地享有自由，并启发和诱导幼儿在区域活动中生成规则。规则的制定需要遵循师幼共同讨论协商、共同监督遵守并可以随着具体的游戏情境的变化而变化的原则。

（五）加强对主题性区域活动的评价与反思

1.坚持重过程而非结果的评价方式

过程性评价在一定程度上否定了预设目标模式固有的机械主义的倾向。将过程评价引入幼儿园主题性区域活动，更加强调幼儿在主题区域活动中的主动参与和探究学习，重视幼儿在主题性区域活动中操作能力、思考能力和创造能力的培养，使得主题性区域活动评价不再一味地追求目标、结果等外显的行为表现，转而开始关注、挖掘教育教学活动中固有的内在价值，显示出一定的人文主义色彩。在过程性评价中教师可以在幼儿的一言一行中见证幼儿的成长，在过程性评价中更易于体现教育的关怀和温度，更容易使幼儿感受到成长的快乐。教师在进行评价活动时，应立足幼儿的长远发展，灵活选择作品展示法、主题探究法、集体谈话法等多种方法，分享活动经验，引导幼儿在多向互动中梳理和提升自主学习的经验。

2.提高反思意识，增强反思能力

幼儿教师对主题性区域活动及时、有效的反思是主题性区域活动能得以深入开展的重要保障之一。教师反思的内容应是多维度的，比如，主题性区域活动目标的达成度；幼儿对主题性区域活动的兴趣和专注性；区域环境创设及材料投放情况；教师对幼儿活动的观察记录是否到位；教师的介入指导时机是否合理；主题性区域活动评价是否多元；家长对主题的支持与参与度等。总之，教师需要具备反思意识，全面看待自己的教学活动，对主题性区域活动的开展做出改进和调整，推动主题性区域活动的跨越式发展。当然，反思不仅是教师一个人的事情，需要外界力量的支持，比如教育专家的提点、与其他教师的交流合作、幼儿园管理者的指导，如果没有这些支持，教师的反思效果可能会大打折扣。就幼儿园本身来讲，幼儿园内的教研活动对于教师个人的教学成长来说至关重要，园本教研更贴合幼儿园的实际教学现状，能够更好地实现具体问题具体分析。所以，幼儿园里的所有教师都应该就主题性区域活动中的具体情况，及时地、细致地、系统地进行分析，在一次次头脑风暴中真正提升教师的反思能力，提高幼儿园课程教育质量。

3.增强家园合作意识，有效利用家长资源

"家园共育"已成为全世界幼儿教育共同的发展方向。幼儿教育必须体现家园情怀，发挥家长在幼儿成长中的积极作用。那么，在开展主题性区域活动中发挥家长优势，实现家园优势互补、资源共享需要做到以下方面。

（1）教师可以在主题性区域活动开展之前与家长进行初步交流，让家长有时间的时候带幼儿出去参观一下现实生活中的餐厅，包括餐厅的外观、餐厅里的菜单、餐桌礼仪、餐厅服务、餐厅宣传等，作为幼儿参与主题性区域活动的一个前期准备。

第二，在主题性区域开展过程中，可能会遇到活动材料不足、材料缺乏新意的情况，教师也可以发动家长力量，让家长提供一些废旧材料（如小纸盒、小瓶盖等）进行材料的扩充，激发幼儿参与活动的积极性。

第三，教师可以利用家长开放日的机会，邀请家长亲身参与到主题性区域活动中来，了解家长对于主题性区域活动开展的感受，并倾听家长对于主题性区域活动的意见，在之后的主题性区域活动中不断调整和完善。

二、多方努力，推进主题性区域活动有效开展

（一）幼儿园优化教学管理体制

1.保证开展主题性区域活动的时间

为了保证幼儿园主题性区域活动的开展质量，需要幼儿园管理者对主题性区域活动给予观念上的重视和时间上的保证。有些幼儿园为了追求办园特色，大量引进特色课程，使得教师占用了大量的时间来组织集体教学活动，主题性区域活动的时间被压缩和随意化，幼儿的活动时间不足，很难真正促进幼儿自主性和创造性的发展。所以，转变教育工作者观念的第一步就是需要保证幼儿每日进行主题性区域活动的时间，一般来说，主题性区域活动的时间可以预设为 40～60 分钟，再根据幼儿的年龄特征、兴趣需要和教师教学目标的预设情况进行灵活的调整。

2.加强幼儿园师资队伍建设

加强幼儿园师资队伍建设，是全面提升主题性区域活动质量，促进学前教育可持续发展的根本所在。

（1）幼儿园内部积极开展主题性区域活动研讨交流，认真组织开展园本教研活动，定期举行主题研讨、案例分享、观摩学习、集体备课等活动。

（2）定期邀请实践活动名师来园作专业指导，组织教师参与主题性区域活动相关讲座，提高教师教学水平，扩大骨干教师队伍，加快青年教师的成长。

（3）为教师订购主题性区域活动教育理论的书籍和报刊、推送开展主题性区域活动的网络学习平台，并组织幼儿教师撰写

学习体会，不断总结经验，指导教学实践。

（4）组织教师到主题性区域活动开展较为成熟的幼儿园进行观摩学习，进行探讨和研究。

（5）强化教师的实践反思能力，坚持实践－反思－学习螺旋式上升的教学反思模式，帮助实现教师教学能力的提升。总之，通过多种方式，拓宽幼儿教师的视野，更新幼儿教师的教育理念，推进主题性区域活动深入发展。

（二）社会提供必要的支持和帮助

1.家长强化家园合作意识，积极配合幼儿园开展工作

对于幼儿园开展的主题性区域活动，家长的认识不仅会影响到教师的活动导向和开展方式，也会影响到幼儿的参与程度和游戏行为。所以，家长应该在理解主题性区域活动概念的情况下，支持和配合幼儿教师开展主题性区域活动，真正实现家园共育，提升主题性区域活动的整体实施效果。

首先，家长要理解幼儿在主题性区域活动中的发展是多维度的，了解主题性区域活动对幼儿的认知、技能、情感等方面都有不可忽视的价值，积极配合幼儿园开展前期工作。

其次，在主题性区域活动的开展过程中积极为幼儿的活动提供建设性意见、提供丰富的材料（废旧材料为主），鼓励幼儿尝试探索，促进幼儿在主题性区域活动中自主性、愉悦性、创造性和生成性等游戏体验的获得。

最后，家长要用发展的眼光看待幼儿呈现出的主题作品，理解幼儿所呈现出来的作品与幼儿自身的知识经验、情感态度是息息相关的，客观分析评价幼儿的作品，给予及时的鼓励，以增强幼儿活动的自信心。总之，家长对主题性区域活动的参与是必要的，其不仅能更好地衔接活动的各个环节，完善主题区域活动体系，也能够密切家园合作，真正形成教育合力，为幼儿的发展助力。

2.教育科研院所为主题性区域活动的开展提供支持

教育科研院所需要立足于幼儿园主题性区域活动的发展现状，承担起幼儿园主题性区域活动的课题研究。

（1）加强指导主题性区域活动的课题研究活动，普及教育科学研究的知识和方法，推动学前教育科学研究。

（2）为幼儿教育工作者进行主题性区域活动课题研究提供文献资料，并编纂幼儿教育学术刊物，做好主题性区域活动科研成果的传播和推广工作。

（3）组织幼儿园园长、一线教师学习与主题性区域活动相关的教育理论知识，推荐理论学习资料，提高教育工作者的教育科研素养。

（4）不断总结主题性区域活动实施和发展中的成功经验，配合教育行政部门做好推广工作，适时开展教学督导、教学工作检查和质量评估工作等，为幼儿园主题性区域活动的顺利开展提供理论支撑、科技支持、技术保障。

3.材料开发商树立并宣传科学的材料设计理念

材料开发商在活动材料的设计与开发中，首先，要注重幼儿区域活动材料的多元性、适宜性和实用性。材料开发商需要根据幼儿的年龄特征和认知特点，科学选择游戏材料的材质、设计材料的外形和配置方式，充分考虑幼儿的学习特点、发展水平和情感需要，提供最适合幼儿的活动材料。其次，以多元智能的发展为导向，树立"以幼儿为本"的设计理念，在开发幼儿园区域活动材料时，不应该一味地追求利益的最大化，更应该从人本角度出发，注重满足不同年龄阶段幼儿的不同发展需要，使幼儿既获得当前的发展，又利于幼儿的长远发展。最后，材料开发商应积极组织开展区域活动材料相关的专题讲座，帮助幼儿教育工作者了解活动材料操作和使用的方法，帮助他们从多角度了解活动材料的意义和价值，实现"一物多用"，满足开展主题性区域活动的需要。

第八章　多维视角下的幼儿园管理创新研究

　　幼儿园是幼儿学习、生活、成长的乐园，也是教职工实现价值的平台。随着当前教育改革的不断深化，幼儿教育也应积极投入改革洪流之中，在幼儿园管理过程中，管理者要及时处理各种问题，关注幼儿园发展，整合各种资源，为幼儿园的发展增加活力。本章围绕幼儿园精细化管理、幼儿园游戏化管理、幼儿园教师与班级管理、幼儿园分类管理——以民办幼儿园为例、家长参与幼儿园管理的策略展开探究。

第一节　幼儿园精细化管理

一、精细化管理认知

　　当前，精细化管理研究方面的专家日益增多，各种理论和定义也众说纷纭。通过研究学习，笔者对于精细化管理有了一个相对全面、系统的认识，总结起来主要有以下方面。

　　第一，精细化管理是一门值得探究的管理学科，是通过分解任务，从细节着手，借助现代标准化和数据化来实现管理高效运行的学科。这种定义方式侧重点在于数据和细节，理论上有一定的科学依据，但是没有考虑到管理行为的存在。

　　第二，细化管理主要目的是满足社会服务需求，是管理者通过数据化和信息化的手段，关注产品服务和运行情况，最终目的是满足社会需求。这种定义着重点在于社会需求的满足上。

　　第三，精细化管理是对任务管理细节实施和分解的过程，是企业战略目标和规划落实到每个管理环节并让其发挥最大作用的过程，是检验企业执行能力的最佳手段。企业在实施管理中运用精细化管理理念后就需要在任务实施过程中整体把控、注重流程、找准弱点，通过阶段性任务的完成来推进整个体系的完成，从而让企业在发展中能发挥其功能，实现高效运转。当然，这种精细化管理除了要在环节上规范，也要拥有创新意识，这样精细化管理才能助企业真正成功。

第四，符合我国国情的"五精四细"，五精指的是：文化知识、技术能力和智慧上的精华；管理理论精髓在实际中体现出的效果；产品质量是业界的精品，产品品牌就是精品的象征；专业技术者的精通；产品从生产到管理的精密。四细指的是：企业管理制度的细分；企业领导岗位到普通岗位职责的细分；管理对象的细分；工作流程的细分。所谓精细总的来说就是：产品质量和管理水平都在生产运营中精益求精，各项工作和流程都严谨细致。

（一）精细化管理的特征

精细化管理注重管理质量、品质和效率，主要具有以下特征。

1.专业化

精细化管理最大的特点是打破了传统以经验做管理的理念，它要求管理必须以事实为依据，在实践中操作，以专业、科学、系统的方式来处理管理遇到的问题。整个管理过程始终围绕"细"字进行，这需要管理者要从工作流程的每个细节开始全面了解，提高执行力的同时通过专业化手段来解决问题。因此精细化管理必不可少的是对专业能力的要求，如果管理者缺少专业能力，就无法承担相应工作，更谈不上解决问题，精细化管理也不可能成功。

2.系统性

系统性就是指工作需要具备系统性思维，这要求管理者不能把每项工作单独分开，而是要立足整体。所以精细化管理要求具有系统性思维，从全局出发，让管理环节有效链接，推动工作的持续发展，时刻改善。

3.成果导向

精细化管理不能让传统的管理思想继续发扬，在思想上要力求创新，行动上开辟新机会。任何企业都希望精细化管理带来的是成本的降低、产品质量的提升和交易周期的缩短，要实现这种效果，管理者就必须把握全局，果断取舍，合理分配资源，既不能把资源投资在对公司近期和长远都没有利润的业务上，也不能全部压在当前产生利润的业务上，而是创新思维，开辟新机会。此外，管理者必须要厘清当前工作目标的各方面资源，让当前工作目标能够拥有足够的人力和财力等资源。另外，要懂得"放弃"资源。很多管理者在错误投入资源在无用的业务和市场上时，都难以割舍已经投资的错误资源，导致正确投资业务资源的紧缺，所以管理者应该要学会割舍和平衡资源。

4.观念创新

精细化管理中，管理者不仅要考虑产品技术创新和科研创新，还要考虑管理理念的创新。目前很多企业管理者都故步自封，不敢创新。

第一，要创新思想必须要理解精细化管理是要持续改善，不断追求完美，因此就必须从细节上完善，数据上明确，不能存在模糊和笼统。

第二，要激励员工的创新精神，管理者要做好创新表率，引领员工努力打破传统理念，与时俱进。

第三，精细化管理不能光靠领导参与，还需要广大职工配合参与。要求每个员工都给自己定下目标，为实现目标而努力。

第四，管理者要意识到双重责任，即管理和经营双重责任。精细化管理要求企业把市场任务分割到各部门，明确每个部门要负责的任务范畴，要求管理者不仅要有管理意识，还要有经营的责任。

第五，要求部门之间紧密协作，密切沟通。通过部门之间及时沟通及时发现问题并及时解决"研、销、供、产"环节中出现的问题，让企业从生产到销售环节持续健康运作。

上述是精细化管理创新必须要做到的五点，都是从理念层面上阐述观念创新的必要，毕竟如果不具备精细化管理理念的创新，那么精细化管理就会停滞不前，迷失方向，降低企业在社会中的竞争力。

（二）精细化管理的内容

精细化管理具有系统性和整体性特征。整体系统化需要有精细化管理理念的支持，还需要对各项管理任务进行精细化分解，并落实到具体的管理活动之中。精细化管理就是确保每个环节细致精致，让任务对象具体化，通过分解量化成为具体的职责和内容，让每项工作都有专人负责，每项内容都能一一对上相应负责人，每个问题都能及时发现。

从管理层次看，可分核心领导阶层管理、中层领导管理和基层员工，明确岗位职责，形成由班子成员领导的管理阶层模式，高层做好顶层设计，中层执行任务的同时为高层提供策略和建议，基层能够在任务执行上具体细化，岗位有相应的专人负责。这样，从领导到员工队伍建设和分工都能够实现精细化管理。

从组织方面看，日常工作中，执行全员管理，精细化表现到每个员工的具体岗位。全体员工都参与到企业运行活动中来，岗位有具体的量化、绩效标准、流程标准。管理上，确保每个环节之间不掉链，做到层层把关，节节相连。

从管理职能看，主要包含管理顶层计划和策略、人员和物资分配组织、成本控制、岗位绩效奖罚激励等。

从企业业务看，精细化管理的内容有：材料生产地、材料供应商、产品销售、市场摸底调查、继续教育学习等

从专业管理看，精细化管理主要涉及的内容有计划生产管理、物资成本开支管理、专业技术管理、质量监督管理、财务管理等。

（三）精细化管理的方法

精细化管理常用的方法包括：

第一，细化。也就是对管理任务进行分解、制定有步骤的管理计划。

第二，量化。对企业中的绩效进行量化，对于无法量化的指标，不能够被认作关键绩效指标。

第三，流程优化。也就是简化企业管理中的复杂问题，根据管理流程化与规范化思路，对关键业务流程之中的配置进行优化，提高企业流程的容错率。

第四，协同化。将企业工作管理流程的上中下游联系在一起，保证日常工作的协调发展，提高对客户服务的质量。

第五，模板化。实现输出产品要模板化。

第六，标准化。指的是规格、操作、服务等方面的标准化，具体来说也就是公文格式、企业记录、作业流程等的标准化。

第七，实证化。绩效评估实证化。

第八，严格化。严格执行处理结果，执行标准和控制偏差的标准要精确。

三、幼儿园精细化管理的内容

幼儿精细化管理是当前幼儿园管理大力引进的理论概念，是幼儿园管理文化的精髓。幼儿园在已有精细化管理理论和技术的基础上，通过系统化、细化的实践管理，不断强化各模块的链接、分工和协作，规范流程、科学评价、创新机制，并借助数据化和信息化的现代科学手段，通过过硬的专业能力来加强幼儿园管理服务，其核心内容是精益求精，精致准确，细化分工，严密周详，目标是提高幼儿园行政、教学、后勤、财务等工作的精细化程度和水平，最终推动幼儿管理工作的全面进行，给幼儿园带来更大的效益和更高的收益。

幼儿园精细化管理的内容具体如下。

（一）财务资产管理

财务管理包含资产管理与经费利用两个部分，其目的在于使用尽可能少的投入获得最高的收益。幼儿园财务管理人员要根据幼儿园日常工作所需和消耗进行细致的经费计算，并根据预算做好决算工作；对日常的资金使用进行统一的安排，认清管理工作中的重点，最大化对资金的使用率。其中，对教师的考核评级结束之后，要对相应工资进行调整，从而保证教师工作学习的积极性。

（二）教学教研管理

幼儿园教学是一项烦琐冗长的工作，教师每上一节课都需要在课前做足大量准备，教学环节的设计要严谨周密，活动安排要合理周全。总的来说，幼儿教学工作就是一项精细化的管理工作，考虑到每一个环节，预设好每一处细节。教师每天都要细致安排每天的工作任务，开展精细化教学活动。管理者要在月底或者一个季度后对教师日常工作进行量化考核并做好记录，而采用的考核、记录等尽量采用比较公正和量化的标准，增加对比效果，更直观地来反映教学成果。另外，管理者对教师各项教育活动要实时检查监督，教师也要对日常工作进行汇总整理和反思，正视教学不足之处，力抓每个环节，反思每个细节，努力提升教学水平。

教师教研是幼儿园管理的核心内容，幼儿园教研活动是促进教学改革的催化剂。教师在参与教研活动中要及时发现教学中的问题，比如教学内容不能与时俱进，教学形式保守没有新意等，让教学及时改善跟进，在总结经验的基础上得出规律，让教学目标随着教学漏洞的更正而逐渐明朗。因此，对教研工作进行合理、高效的组织和管理显得尤为重要。

（三）保育管理

幼儿园保育和教育对于幼儿园管理来说是同等重要的，甚至可以说保育是教育的基础和前提，因此不能"重教育轻保育"，忽视保育工作将影响幼儿的健康发展。

要把保育工作渗透到幼儿的身上，先进思想意识是先导，科学教育方法是关键。保育工作者应意识到保育工作不是为幼儿提供机械的生活服务，而是贯穿于幼儿园各项活动中，如幼儿教学活动、区角活动、户外游戏、值日劳动等各方面。因此，保育要注重帮助幼儿知识能力的发展和好习惯的养成，如：穿衣方法正确、咀嚼时不讲话、洗手如厕要排队、水杯盛水不能过满、走路礼让不冲撞等良好生活习惯的培养，让知识来源于生活，服务于生活。保育老师还要懂得幼儿心理学并关注幼儿心理健康，随时深入了解和掌握幼儿的行为品格，利用适宜的环境和因素，不失时机地开展随机教育。通过经常的、随机的、强烈的刺激和渗透，幼儿的行为习惯就会不断得到巩固。

（四）后勤保障管理

后勤管理工作是幼儿园日常管理工作的重要组成部分。后勤管理中不仅要考虑为幼儿提供良好的学习环境，还要兼顾管理人、财和物等资源的合理分配，保证幼儿园各项活动顺利开展。幼儿园后勤工作相对别的部门来说需要更多的时间和耐心来处理烦琐的事务，工作人员在工作中不仅需要考虑幼儿的教育问题，还要确保幼儿身心健康成长，吃好穿暖睡好，这需要各部门的配合和支持才能完成。所以，幼儿园后勤管理工作人员的素质和水平至关重要。

（五）行政人事管理

行政管理也就是针对幼儿园内部人员的管理，是幼儿园管理人员根据国家人事政策以及幼儿园任务的要求，有计划对幼儿园的人力资源进行整合的部分，其工作内容具体包含对幼儿园职工群体的人事管理、考核、培训、奖惩等方面的内容。

二、幼儿园精细化管理的必要性

目前，行业竞争日益剧烈，企业为了能够适应社会竞争和时代需求逐步引入精细化管理。虽然企业竞争力大小涵盖多方面因素，但是内部管理自始至终都是一个关键因素，从市场的调研、市场变化规律、如何降成本增利润等都离不开内部的管理。企业只有加强精细化管理的应用，让企业能够在激烈的竞争环境中应变自如，做好每项决策，把资金管好用好，才能确保企业健康持续发展。

第一，精细化管理的科学性特点促使幼儿园管理的不断改进。幼儿园管理需要遵从有效性原则，而良好的管理效果离不开科学、合理的管理工作。精细化管理具有科学性特点，定位科学、手段科学、过程科学，从管理目标到具体管理活动都在追求科学性，因此，实施精细化管理能够让幼儿园从各个管理活动入手，全面进行改善和优化。

第二，精细化管理的系统化特点有助于提高幼儿园管理的系统性。从幼儿园管理的现状来看，幼儿园管理缺乏整体的规划方案，各种管理活动显得比较独立，而且没有合理的考核机制。精细化管理强调系统化，需要合理高效的管理机构和人员配置、完善的制度体系和考核评价体系。

第三，精细化管理的专业化有助于提升管理队伍的素质。从前面的分析中可以发现，幼儿园管理队伍的素质需要得到进一步的提升，无论是园长还是教师队伍都存在一些问题。而精细化管理强调专业化，要求具备专业的管理人员，具有相应的专业知识、专业技能，除了具备出色的业务能力，具有崇高的职业精神及责任意识更加重要，以保证细致而周全地完成各项任务。所以幼儿园领导和教职工要树立精细化的理念，增加管理工作的专业能力，全方位提升相应的素质，推进幼儿园精细化管理工作的进行。

第四，精细化管理的全员性特点有助于促进教师、家长的参与。精细化管理强调发挥每个人的效能和价值，以人为本、全员参与的管理理念，这正好能够解决幼儿园现存的教师、家长参与问题，促使教师、家长两个群体在幼儿园管理中发挥作用。

总之，精细化管理会把管理的各项任务进行精细化分解，落实到每个管理活动中，通过科学的手段、积极利用信息化技术进行数据精细化分析，指导各项工作更高效、更务实地被执行和完成。

三、幼儿园精细化管理的原则

第一，幼儿园管理的相关原则。幼儿园管理需要遵从方向性原则、整体性原则、有效性原则、民主管理原则、社会协调性原则。由于精细化管理是在幼儿园常规管理工作的基础上进行的，所以也要遵循这些原则。

第二，整分合原则。管理的整体效应是以局部效应为基础的，只有把每个基础部分都做好，才能实现整体效益的最大化。在管理中，要做到对整体有一个宏观的把控，才能做好各部分的统筹管理。

第三，价值原则。现代管理十分重视用一种共同认可的精神、思想和价值观来统一全体职工的思想，使他们自觉地按照这种统一的精神来工作，这就是价值观的管理方法。

第四，科学量化原则。精细化管理强调数据化，强调对管理过程的监督与控制、对管理效果的检查与评估。为充分保证管理工作的执行、管理效果的评估，实施精细化管理需要注意采用科学的方法来进行量化，使得管理过程更容易被记录、管理制度更好地被执行和落实。

第五，能级原则。能级原则是指在管理中依据被管理对象能力的大小进行分级管理，采取不同方式充分发挥每一个人的工作积极性。在幼儿园实施精细化管理中，需要注意能级原则，对全园教职工的能力特征和水平做足够的了解，因人而异，采取不同的管理方法并让其在适合的管理活动中发挥相应的管理能力。

四、幼儿园精细化管理的措施

当今社会每时每刻都在变化着，而幼儿园的管理工作也要与时俱进，在不断发展的社会中及时获取有利信息，这样才可以使幼儿园的管理工作能够满足时代发展的需要。管理工作不是固定的，它需要在获取动态信息的条件下进行，只有这样才能够在应对突发情况时，采取合理的方式，及时做出决策，以保证幼儿园精细化管理更加高效的进行。①

（一）加强组织领导

加强组织领导，成立精细化管理领导小组，负责管理工作的组织、实施和考核，并制定好各部门的精细化管理方法和步骤，保障幼儿园精细化管理工作的顺利进行。园长是幼儿园的领导者，园长需要对各种工作进行协调和分配，园长素质水平的高低是幼儿园办得好坏的关键所在，通常情况下，一个幼儿园拥有一个好的园长，那么幼儿园的发展就会有一个很好的支柱，因此园长的领导力至关重要。

园长作为幼儿园精细化管理的领导实施者，其意识和素养非常重要。所以园长要加强自身学习，通过书本、培训、网络等多种途径，提升自身的素质修养，这样才可以做好幼儿园的掌舵人。一个好的园长，要具备以下素质：首先，要有良好的品格修养，同时还需要实事求是，不脱离实际，坚持正确的教育方针，自觉维护幼儿的利益；其次，园长的文化业务素质要强，只有这样才能保证幼儿园工作的顺利开展。一个优秀合格的园长不仅要有高尚的思想修养，勇于探索、敢于创新的品质，还应具备一定的管

①毕欣.太原金色阳光幼儿园精细化管理研究[D].兰州：兰州理工大学，2020：33-68.

理能力。

（二）思想上加以保障

要想精细化管理可以按照规划进行，需要幼儿园中所有的教师和幼儿共同参与此项工作，在此之前还需要对特定对象进行相关的思想和理念教育，让他们对精细化管理有一定的了解并有相应的意识。这样能够让更多的教师理解和明白精细化管理的作用，同时熟悉和配合幼儿园精细化管理的相关工作。

（三）管理过程中加以保障

精细化管理在展开的过程中肯定或多或少会出现一些问题，任何工作的进行都很难保证不出问题，因此幼儿园领导和教职工需要时刻观察工作中出现的问题，然后通过开展会议的方式进行交流评价、综合经验和制定措施，以保证后期的整改工作可以顺利开展，这样做能够在一定程度上提高大家参与精细化管理工作的积极性。在此过程中，还需要结合实际对管理制度不断地进行调整，制定科学有效、系统规范、时效性强的制度，发现问题并解决问题，在解决问题的过程中不断优化和完善，这样才能够满足新形势的需求。

（四）通过现代化手段和数据管理加以保障

现代化教学中很多新型教学设备开始出现，其中包括幻灯机、计算机等，这些设备通过其声、光、电等元素辅助教学，现代化教学手段的融入一定程度上促进了精细化管理的深入发展。比如：宣传幼儿园工作的微信平台；保障幼儿园工作顺利开展的App软件，如钉钉、美篇等；幼儿智能刷卡机的运用等，都在一定程度上促进了幼儿园精细化管理的实施。

数据可以呈现很多更加有内涵的信息，从某种角度上来说是将现象转化成可分析的量化形式。通过数据能够连接到很多内容，在数据收集的基础上对其展开细致的分析和研究，在某种情况下，数据能够成为决策的重要依据，在精细化管理工作展开的过程中合理地运用数据并根据这些数据制定幼儿园管理质量保障体系。数据的收集工作也十分重要，现实工作中幼儿园能够通过信息技术实现数据的收集，从而减少麻烦。幼儿园管理者还需要增强自身的综合能力，其中包括对数据展开客观分析的能力并能从科学的角度对这些数据呈现的内容展开预测。

五、幼儿园精细化管理的过程监督

精细化的最终目标是优化幼儿园管理，提升管理效率。将职责细化，同时把计划、执行、控制、评价等作为有机的整体。

第一，计划。要对监督的事项实施合理计划，就需要对制度实施的合理性进行预判分析，并相应做好各管理模块的目标计划，从而让监督人员知道需要监督的具体事项，进而有针对性地提高某些具体工作内容。同时，还需要计划实施监督的时间、方式，主要是依据当前幼儿园的工作安排流程。

第二，执行。在实施监督的时候是需要具体的工作人员来操作的，这就需要建立监督小组。小组组长和副组长由幼儿园的园长和副园长来担任，骨干教师作为监督成员。在执行的过程中，需要通过评级、观察、总结评价的方式来对幼儿园的各种情况实施监督。同时，监督过程需要幼儿园全部工作部门的积极配合，找到不足之处。

第三，控制。监督工作的目的就是希望让所有的管理工作不断精细化，所以对一些管理事项实施控制是有必要的，这就需要从三点来做：一是控制每一次监督工作的具体事项，要有的放矢；

二是监督工作需要对每一个被监督的项目实施控制目标设定；三是控制监督人员的权限，其只有监督管理工作的权限，其他权力需要被控制。

第四，评价。监督工作完成之后，需要对幼儿园中现有的管理工作实施评价，对于进步之处需要给予肯定。对于精细化管理中存在的问题需要逐一说明，并及时反馈给幼儿园的各个部门。同时，评价工作主要是为了提高精细化程度，所以评价之后，再给予一些可行性的建议。从而让整个监督工作更具有效果，不会流于形式。

第二节　幼儿园游戏化管理

一、幼儿园语言领域课程游戏化

为优化推进幼儿园语言领域课程游戏化建设，贯彻适合幼儿思维特点、遵循语言发展规律和彰显幼儿园特色的语言课程，本研究面向幼儿教师群体提出以下三点建议。

（一）了解幼儿园语言领域课程游戏化的理念

课程理念指引教师课程设计行为的取向，最终总是会体现在课程的内容和形式中，体现在教和学的互动过程中，体现在幼儿园的环境与文化中。语言领域课程游戏化的理念涉及如何看待幼儿、如何看待教师、如何看待语言教育、如何看待环境和资源等问题。

1.幼儿——语言课程活动的主体

深受泰勒课程理论的影响，传统的幼儿园语言教学过程是尊崇"知识本位"的语言课堂。虽然幼儿园在努力进行课程改革，但是教学中侧重"教"的成分，注重语言范例的强化、语言信息的记忆，关注幼儿语言习得呈现结果和量的积累等问题困扰着幼儿园语言领域课程游戏化的推进，导致幼儿在被动中学习，这种不适合幼儿学习特点的观念在课程游戏化中终究是要被摒弃的。因此，语言领域课程游戏化中，应倡导幼儿构成语言教育活动的主体，幼儿学习语言的主动性是其自身获得语言发展的根本动因，幼儿各种语言知识和能力的获得必须通过自身主动与周围环境相互作用才能产生。以满足幼儿的语言学习需求和兴趣为出发点，激发幼儿语言学习的自主性和积极性，是推进幼儿园语言课程游戏化的重要工作之一。

2.教师——语言课程活动的支架

教师在幼儿园课程中拥有很多的角色，如课程设计的执行者、课程环境的架构者、幼儿学习的启蒙者等，但相较于课程环境材料的被支配、幼儿自主意识的懵懂和不表达，教师自身鲜明自主的影响力往往会被错误地理解为"以教师为中心"，影响的方式就可能成了强调教师的示范强化和幼儿机械的模仿记忆，造成课堂中师幼关系的不对称。因而，语言课程游戏化就要纠正这种误解，明确教师在语言教育活动中的地位——支架角色，不论是语言课程设计的规划、环境的预备或语言课程教学的展开，都是为了引导着作为活动主体的幼儿积极与语言教育内容和方式发生交互作用，使幼儿获得语言能力的全面提高和发展。这种教育的影响力，需要教师在计划的设计与实践、环境的准备与营造以及互动中心理氛围的呵护与培养等过程进行适度把握和适时发挥，真正发挥教师的主导作用。

3.全语言——语言课程活动的基础

全语言教育的理论认为，课程是整合的，语言是完整的，学习语言内容是第一个层次的目的，提供机会让幼儿参与实践语言经验为第二个层次的目的。语言领域课程游戏化必然要以全语言教育为基础，尊崇"让游戏精神在语言教育中滋长"的理念，就是让语言领域教育回归到幼儿语言学习的本质上，从幼儿主体出发，把幼儿语言的发展性目标放在首位，在学前阶段以培养幼儿获得完整的口语能力为基准，关键要素是交流与表达，重要的是激发表达的热情，创设交流的机会，进一步寻求语言表达情绪的深入、增强对书面语言的兴致和理解等。因而，语言领域课程游戏化活动是丰富多样的，包含一切促进幼儿语言能力发展的谈话、讲述、文学作品欣赏（包括故事、诗歌、散文）以及早期阅读活动。在具体的教学中，应充分考虑幼儿语言发展与认知、情感、社会性等方面发展的整合统一，通过各领域相融合的活动促进幼儿语言素养习得的日常化和语言能力提升的综合化。

4.游戏精神——语言课程游戏化的灵魂

游戏是幼儿的生活内容。没有游戏的幼儿园生活就是小学化的、成人化的，因而，幼儿园的课程也是游戏化的。倡导推进语言领域课程游戏化，不是把所有的语言教学活动都改为游戏活动，也不是让游戏成为语言领域课程实施活动的唯一，而是把游戏的理念、游戏的精神渗透到语言领域课程实施的各类活动中。游戏精神应是自由的、自主的、创造的、愉悦的，是把幼儿的感受、体验放在首位的。在课程创建的初期阶段，需要将设计丰富有趣的游戏作为语言游戏化的突破口，教师需要牢记对待游戏的三个要点：第一，要鼓励游戏，游戏不是调节的娱乐活动，它是幼儿语言学习的内容、方式，有极高的教育价值，教师应建立"游戏重要"的心理氛围，构建语言教学中的游戏意识；第二，要服务游戏，教师应努力创设引人入胜的游戏环境、准备丰富多样的游戏材料、提供广阔安全的游戏空间，刺激游戏的有效发生和幼儿愉快的游戏体验；第三，要合理指导游戏，避免指导"过头"转化为"导演"，导向游戏手段化、形式化的结果，最终丧失幼儿在游戏中学习语言的乐趣。

（二）改造幼儿园语言领域课程的行动方案

1.以幼儿语言核心经验的获得为目标

关于幼儿语言课程的目标设置，按照纵向的层次结构，最下位的语言活动目标奠基了幼儿语言发展的一块块基石，逐级达成学前阶段语言教育的目标和任务，以幼儿语言核心经验的获得为目标，目标的确立应围绕幼儿语言能力的发展，而非关注幼儿是否掌握语言作品的内容及形式。

从幼儿语言能力的构成思考，幼儿语言核心经验应该包括倾听能力、表述能力、欣赏文学作品能力和早期阅读能力四个部分，每一部分涵盖认知、情感与态度、技能的目标。教师依照幼儿语言核心经验确立语言课程游戏化的发展目标，首先，语言课程游戏化目标是潜在的，教师的目标不能直接成为对幼儿语言活动的显性要求，教师应该将教育意图客体化，即将教学目标隐含在为幼儿提供的环境中。其次，把教育要求转化为幼儿的需要，通过引导幼儿与教师、同伴之间的良性互动，与语言环境、材料间的相互作用，促发幼儿满足自我需要的主动活动来实现目标。

2.以承载幼儿语言核心经验的活动为内容

在语言课程游戏化中实现幼儿语言核心经验发展的目标，就要提供全面丰富且完整的语言课程内容，既要蕴含倾听经验、表述经验、文学作品欣赏经验和早期阅读经验，同时还要兼顾实现认知、技能和情感态度三维目标上的统一。谈话活动是引导幼儿在某一情境中借助语言与同伴开展互动交流，以提升幼儿语用能力的过程，一般围绕幼儿熟悉且感到新鲜的话题展开，调动幼儿知识经验和生活经验的整合、组织和重现。讲述活动是引导幼儿在限定主题下运用独白语言对事物进行简单描述的过程，以培养幼儿的独立思考和语言逻辑能力，按照讲述内容不同分为叙事性讲述、描述性讲述、说明性讲述和议论性讲述。

（1）叙事性讲述，即幼儿按照一定的顺序清晰、准确地叙述自己或他人的事件的活动，如"我的五一假期生活"，按照事件发生、发展和变化的规律，讲清自己什么时间在哪里发生了什么事情、结果怎么样以及有怎样的感受等。

（2）描述性讲述，即幼儿按照一定的顺序优美、生动地描述人物（表情、行为、动作等）或事物（特征等）的活动，如"我的全家福"，幼儿讲清照片上的人物是谁、正在做什么、表情如何等。

（3）说明性讲述，即幼儿按照一定的顺序准确、简洁地说明事物（形状、特征、用途等）的活动，如"我喜欢的车"，幼儿讲明车子的名称、外形、用途等。

（4）议论性讲述，即幼儿说明自己对某一观点认同与否并说明理由的活动，通常以辩论赛的形式出现。

文学作品欣赏活动是由师幼共赏幼儿文学来发展幼儿语言的活动，囊括童话、儿歌、诗歌、幼儿诗、散文、幼儿生活故事、谜语和绕口令等多种形式，其特点是语言活泼优美、情节生动有趣、人物角色形象鲜明，且富有教育意义，深受幼儿的喜爱。其学习内容可以分为聆听与感受、朗诵与表演、仿编与创编三个方面：①聆听与感受，帮助幼儿理解和感受作品的主要情节、人物性格和主题倾向；②朗诵与表演，引导幼儿用自己的方式再现作品的情节，巩固理解的同时体会角色赋予的情绪情感；③仿编与创编，帮助幼儿体会艺术性语言的优美，激发幼儿对语言美的欣赏和模仿，进而发挥创造性地去想象和表达，感受语言艺术的魅力。

早期阅读活动是以获得前识字经验和前书写经验为目的进行师幼共读或幼儿自主阅读的活动。其一方面，以形象生动、图文并茂的阅读材料吸引幼儿主动阅读，积极探索阅读内容与文字符号的对应关系，并进一步与口头语言进行对接，激发对文字意义的联想；另一方面，激发幼儿对脑海中创造性想象的表达，尝试用勾勾画画以及文字型符号呈现出来；最后，蕴含在各式各样图书材料中的教育价值，安全保护、生活常识、卫生习惯养成等对幼儿整体发展的影响是潜移默化的、循序渐进的。

3.以游戏化的情景、环境和材料为组织实施保障

单纯地提供给幼儿承载幼儿语言核心经验的活动内容还不够，毕竟从语言本身来讲，这些内容趋向技能化、知识化，应该以游戏化的环境，把语言作为游戏材料开展活动，如下列呈现。

（1）对歌活动（小班）。儿歌最大的特点是朗朗上口，适合幼儿口诵，如果再配上灵动的曲调或者设疑的情节，更能吸引幼儿的兴趣，如对歌活动，既有儿歌的韵律、又有音乐的美感，还能调动幼儿思考的积极性，吸引幼儿的兴趣；同时，以此模式还可以延伸出其他的谜语形式，促进幼儿对事物高矮胖瘦、长短、

颜色等外观特点的认知。

（2）谈话活动"我喜欢的车"（中班）。谈话活动的重点是谈话主题的导入，该活动以幼儿已有经验"车"为谈话主题，不同于一般的语言或事物导入，在魔幻音乐的氛围营造中，赋予幼儿卡通的角色身份、创设幼儿向往的游戏情境，极大地调动了幼儿的参与热情，以此引入谈话主题，幼儿交谈的兴致也高涨起来。

（3）讲述活动《谁和谁好》（中班）。讲述活动与谈话活动有一致的逻辑性，只不过对幼儿思维水平要求更高。该活动建立在已有诗歌经验的基础上，以增进幼儿新的讲述经验为目的，以仿编的形式设计不同的游戏活动，通过规则游戏的设置，激发幼儿竞争、竞赛的心理，以此来挑战幼儿的思维，让幼儿始终保持着热情和激情。

（4）绘本阅读活动《小猫的生日》（中班）。早期阅读活动要求幼儿有一定的画面理解能力和匹配语言的能力，该活动中老师制作了绘本供幼儿集体阅读，配合以音乐形成了一个声情并茂的阅读学习过程，由浅入深，历经四个部分：①阅读玩具，通过摸口袋，小猫毛绒玩具的呈现促进幼儿对阅读重点的认知；②阅读图片，图片上画着简单的小猫和一个蛋糕，重复之前的小猫形象和重点情节，由此让幼儿猜测接下来的故事，导向图书内容，更加深了幼儿的理解；③阅读图画书，是阅读活动的主体部分，值得关注的是图画书中隐含着很多的小秘密，以增加幼儿阅读的快乐和惊喜，给幼儿很多探索的新奇点，这也构成了整个阅读活动的环境材料；④阅读符号，也是阅读活动深入的部分，通过动物的影子让幼儿猜测想象是哪些动物，进而进行礼物的匹配。整个阅读过程都伴随着疑问、奇妙，是一种调动幼儿阅读兴趣的多元阅读活动。

4.以构建语言领域课程游戏化的评价机制为提升手段

语言领域课程游戏化方案要想实现良好的动态循环，还有一个重要环节即评价的过程，它调节、控制着整个教育过程，使之朝着促进幼儿语言核心经验获得的目标前进并不断优化游戏化教育教学。

构建幼儿园语言课程游戏化的评价机制，首先要确立评价内容，需要转变的是，评价内容不应该再围绕方案计划等文字符号，即课程教学任务的达成和目标的实现，要真正关注教育主体——人的变化，即观察幼儿语言能力的发展以及实现幼儿语言发展周围一切因素的有效性。

另外，对幼儿园语言课程游戏化进行评价，需要有一定的方法，即对幼儿语言能力发展及相关因素收集信息的方法，针对幼儿语言能力的发展，一般采用在自然条件下的观察评价法，提倡"幼儿语言发展水平观察评估"，针对每一名幼儿的每一项语言能力作出发展性的语言描述，构成幼儿个性化的语言能力发展成长档案；针对其他活动要素的评价，结合活动后幼儿语言发展的效度，分析各个活动要素对促进幼儿语言发展的有效性，从而合理地调整活动计划，实现螺旋式的上升。

综上而言，整个语言领域课程游戏化方案的确立，从目标、内容到组织实施以及评价，都体现了以幼儿为中心的观念，即以幼儿语言核心经验的获得和发展、发挥幼儿的主动性和积极性、促进幼儿良好的情绪体验作为语言课程游戏化方案的重点，改变了以往教师对语言课程目标的绝对服从、对省编教材的绝对依赖的被动状态，促发幼儿语言的有效学习。

（三）提升教师语言领域课程游戏化的专业能力

语言领域课程游戏化的核心在于幼儿，关键在于教师，教师的专业程度会直接影响幼儿园语言领域课程游戏化的品质。然而，在面对语言领域课程游戏化时，大部分教师表现出心有余而力不足的状态，一方面，教师会说自己重视语言游戏教学的价值，另一方面，却少有证据表明，教师在幼儿园语言领域课程教学中，会自觉地将游戏精神及游戏理念作为课程计划、实施的向导，更不必说教师有意识地促进和推动语言领域课程游戏化的发展进程。因而，要实现"游戏化"的语言领域课程，幼儿教师必须专业化。

1.加强语言教育素养

提高教师语言课程游戏化建设的专业程度，首先要从教师的语言认知抓起，加强幼儿教师自身语言素养的积累和对语言教育的得心应手，逐步提升由内而外的语言教育魅力。

语言素养不同的教师体现出的语言教育面貌各异，就像有着地方口音的教师如何让幼儿在习得语言的关键期正确学说普通话呢？没有语言感染力的教师又如何获得幼儿的青睐激发其语言学习的兴趣呢？提升教师的语言素养，首先，确保一口流利的普通话是基础，不要把生活化的口音和习惯带到语言课堂中。其次，幼儿园应针对教师开展系统的现代语言理论培训和美文共赏活动，两种认识活动相辅相成，既有理论底蕴的支撑，又有华美的语言作为雕饰，不仅可以促进教师习得语言中的模仿行为，还要求教师独立思考、方法运用和创造的发生，继而提高对语言的审美意趣和艺术修养。最后，教师要在教学实践中练就灵活机智、生动优美的语言，前者要求教师的教学语言富有问题转化的能力，后者要求教师的教学语言富含童趣，能够打动幼儿。

语言教育要想熟稔于心、得心应手，教师须熟知幼儿的语言发展规律、学前阶段语言发展的目标和内容，在对教育对象和内容全面把握的基础上，建立本班幼儿语言个体发展的成长档案袋等，形成个性化的有针对性的语言教育，这些都离不开教师长期并持久的教育学习和经验总结。

2.课程与游戏互为生成

提高教师语言课程游戏化建设的专业性，在已有语言认知的基础上，促进语言课程与游戏精神的相互渗透，在每一个语言领域活动中开展适合的游戏环节，在每一次愉快的游戏体验中挖掘有益的语言教育因素，实现相互生成、相互转化，推进"相辅相成"式的语言领域课程游戏化。

第一，语言领域课程中生成游戏。这里生成的游戏是带有教育意图和娱乐意图双重目的的工具性游戏，目的是使教学活动中习得的经验被幼儿运用到游戏中并得到巩固和强化。比如在师幼共读绘本《小兔的玩具店》之后，幼儿领会了绘本传达的教育意义，即可以按照不同的类型、颜色、大小摆放玩具，在继续生成的区域游戏"我的玩具店开业了"中，引导幼儿一方面可以用清晰的语言描述玩具的特征，另一方面将整理玩具的经验应用于角色扮演中，这种转化是自然流畅的，且目的达成也是富有显著效果的。因而，语言领域课程游戏化的转化一定要是流畅的，于幼儿而言，游戏性大于一切，于教师而言，教育性是"润物细无声"的。

第二，游戏中生成语言教育因素。这里所说的游戏既可能是带有前教育意图的工具性游戏，也可能是幼儿自发进行的自主游戏。前者是在预设教育因素的游戏中，幼儿自发产生了新的学习目标和方法，这是幼儿学习不断外延的体现；后者是典型的游戏生成课程，由游戏生成教学活动是指教师在观察、记录、分析幼儿游戏行为的基础上，从幼儿的想法、需求、经验出发，构建有教学意图、教学目标和教学任务的教学活动。游戏过程中产生的奇思妙想、奇遇体验都可以转化为教学过程中再现的语言经验和系统的语言知识体系，有效地促进幼儿认知结构的不断组建。

3.学会有效观察

不论是在语言领域课程中生成游戏，或是在游戏中挖掘语言教育因素，都有一个关键要素——教师的介入。教师适时适度的介入，则会有效地生成幼儿的游戏体验并挖掘游戏中潜在的教育因素，满足幼儿习得语言的游戏情感需求；相反，不恰当的介入，可能会造成幼儿游戏的中断和情感的不满足，为此，教师需要学会有效观察。

首先，教师应该明确观察目的，在语言游戏化课程中，观察的目的在于了解当前幼儿语言习得与发展的状况，评估幼儿学习过程中的情感体验和需要，作为教师进行下一步引导措施或转变互动方法的依据。

其次，教师要确立具体的观察内容，具体涉及情境是否对幼儿有吸引力、幼儿对材料是否能够充分运用、幼儿的语言能力是否得到一定的发展且展现的水平是怎样的、幼儿的情绪体验是否是积极的、同伴之间的互动等，确保观察的内容都是以幼儿为中心的。

最后，教师应懂得解读幼儿的行为，把幼儿显性的语言行为及表现转化成幼儿当前语言发展的水平，这是从实践回归理论总结的过程，也是教师语言课程游戏化建设专业能力提升的显著标志。

不论出于内在的学习需要还是外在的学习压力，都应明确一点：幼儿园不是清闲自在的地方，幼儿教师不是一个得过且过、逗幼儿玩的角色，语言教育也不是仅仅说说话认认字便可以收获幼儿成长的过程。成为一名幼儿教师必须要有全力为幼儿发展的信念和勇气，全身心地投入到幼儿的生活世界中去，为幼儿良好语言能力的获得与发展创设最适宜的教育环境和最舒服的教育氛围。

二、幼儿园绘本游戏化阅读

（一）幼儿园绘本游戏化阅读的相关概念

1.绘本

绘本最早起源于西方，而现代意义上的绘本则诞生于十九世纪后半叶的欧美国家。"绘本"一词源自日语，随着近年来中国台湾地区出现的绘本风潮，后逐渐传入大陆并成为图画书的代名词。目前，国内对于绘本内涵的理解要小于"绘本"一词最初所涵盖的范围，更多的将绘本等同于西方的图画故事书。在绘本的发展过程中，学术界对其一直没有一个统一的标准概念。对于绘本的理解，我国多数文学家和幼儿作家也都有着自己的看法。绘本作为一种综合性的艺术形式，来源于作者创作的直觉，其凭借自身心灵的力量对绘本内容进行精准把握，利用精美的画面来进行信息的表达和传递，这在绘本的教育价值方面有深刻的体现，是普通的文学作品所达不到的层面。绘本是以图文结合的形式，借助图画和文字共同叙述故事内容及表达思想，通过图画与文字间的相互作用达到相辅相成的效果，为幼儿营造更真实贴切的绘本阅读氛围。

2.绘本阅读

绘本阅读是幼儿基本的阅读形式之一。绘本通过图画的线条、色彩的搭配以及构图审美，使幼儿轻松读懂故事的脉络和所要传达的信息，并体验身心的愉悦，这符合幼儿的认知发展水平与阅读特点。绘本的独特之处表现在图画与文字配合默契而达到的一种互动的平衡关系，而且绘本的内容不仅只停留在图画与文字之上，标识标记也应该纳入阅读的范畴。幼儿在充分阅读绘本信息的同时，教师也应引导幼儿将注意力放在绘本反映出来的原生态的生存智慧和童稚童趣的游戏精神上。

绘本阅读是指幼儿通过色彩变换的图像、成人的形象讲读以及简单的文字叙述等方式，对绘本加以理解的全过程。在幼儿园中，绘本阅读受到重视，对于幼儿各方面的发展具有积极的促进作用。

3.游戏化阅读

游戏化阅读指的是以游戏的方式开展的阅读活动，游戏是服务于阅读的一种手段，而不是目的。游戏化阅读更加注重阅读活动过程中的游戏精神，为幼儿提供充分的游戏体验，保证幼儿的主体性得到发展。游戏化阅读作为幼儿园阅读活动开展的主要手段，其关键点是游戏成为提升幼儿阅读能力的一种载体，仍然保持着它注重过程和愉悦体验的本质，使幼儿在亲身参与的过程中充分理解阅读资料的内涵，并获得阅读的快乐并产生持续的动机愿望，拓展阅读中的游戏价值。游戏化阅读并非阅读与游戏生硬或随意的组合，而是将两者无缝衔接。因此，游戏化阅读是指教师在阅读活动中的某一环节设计并开展与阅读资料相契合的游戏，让幼儿通过这些游戏环节将阅读内容形象化、直观化，激发幼儿的阅读兴趣，促进幼儿对阅读资料所蕴含的深意进行有效消化。

4.幼儿园绘本游戏化阅读

幼儿园绘本游戏化阅读可以结合幼儿的心理发展规律、教师的指导思想以及生态教育理念三个方面来理解。

从幼儿的心理发展规律来看，幼儿阅读绘本时具有一定的嬉戏心理，期待体验绘本阅读带来的愉悦感，也期盼读完绘本之后能满足自己的好奇心，与此同时，幼儿在活动中也获得了阅读的预备能力。绘本游戏化阅读的开展关键在于游戏只是服务阅读的一种方式，并不在于游戏环节在整个活动中的比例。

从指导思想上来看，绘本游戏化阅读应以《3～6岁幼儿学习与发展指南》的指导思想作为活动开展的前提，在具体活动的开展中培养幼儿良好的阅读习惯。幼儿园绘本游戏化阅读的开展追求的是幼儿充满愉悦、渴望的阅读体验，而不是为了游戏化而随意或强行将游戏插入绘本阅读之中，将活动简单地进行拼凑。

从生态教育理念来讲，绘本游戏化阅读时教师应提供丰富、支持性的绘本阅读环境，而且这种环境应该是开放的、平等的、自然的、激发创造性的，使幼儿能够在轻松愉悦的氛围中习得绘本阅读的经验和技能，养成良好的阅读习惯，最终学会自主阅读。

综上所述，幼儿园绘本游戏化阅读是指在幼儿园开放、自然、平等、激发创造性的阅读环境之中，教师以游戏精神为引领，通过有目的、有计划地指导幼儿参与各类游戏的方式来进行集体或区域的绘本阅读活动，进而从幼儿愉悦性、趣味性、自主性、创造性的绘本阅读体验中，将其游戏时的活动动机转化为阅读动机，透过喜闻乐见的方式达到最终目的。

（二）幼儿园绘本游戏化阅读的价值

1.有利于激发幼儿的阅读兴趣

幼儿时期是激发阅读兴趣、培养阅读习惯的重要时期，因此，幼儿园阅读活动的开展重在培养幼儿的阅读兴趣。相对于幼儿最喜爱的游戏，单纯的阅读是比较枯燥的活动。为了让绘本阅读获得幼儿对游戏一样的喜爱，可以将绘本内容与游戏之间建立起紧密的联系，通过内容多元、形式多样的游戏活动，将绘本中难以理解的阅读内容变得形象直观，带领幼儿走进探索与想象的广阔空间之中，让幼儿亲身获取绘本阅读的经验，进而对绘本阅读产生深厚的兴趣并越来越喜爱。

兴趣是幼儿最好的老师，幼儿的阅读兴趣可通过精心设计的游戏化阅读活动予以培养，在幼儿参与和绘本内容相契合的游戏过程时，潜移默化地将其对游戏的兴趣转移到阅读活动上来，让幼儿用活动中的自主探索与发现取代听从说教，满足幼儿好奇心并引导其积极思考与探索；及时关注幼儿的兴趣与需要，在具有趣味性的阅读活动中，帮助其体验绘本阅读的快乐，不断提高幼儿自主阅读的意识与持续阅读的兴趣。

2.有利于提升幼儿的阅读质量

游戏不是学习的敌人，而是学习的伙伴。从生理的角度来看，幼儿在游戏时大脑的血清张素会增多，情绪会特别好，此外，大脑还会产生一种神经营养素"脑衍生神经滋养因子"使神经元产生新的分叉，增加神经网络连接的密度，幼儿的神经网络越密，就越有机会触类旁通，产生新的想法。因此，如果将枯燥的绘本阅读融入游戏的因素，以趣味性游戏为载体、绘本阅读为目的方式开展阅读活动，使幼儿获得更广阔的自主探索空间，让幼儿在获得丰富的情感体验的同时发挥其想象与创造能力，这不仅能激发幼儿对于绘本阅读发自内心的兴趣与期待，提升幼儿的阅读能力，而且可以启发幼儿在绘本阅读中萌生新的想法，就能更好地推动下一轮阅读的开始。

3.有利于促进幼儿的和谐发展

幼儿园绘本游戏化阅读强调将绘本阅读与游戏进行整合，在"静"的绘本阅读中有机地融入"动"的形式，即把绘本静态的画面转化为形象直观的动态情境。通过这种有声有色的阅读活动，让幼儿更直接地感受绘本语言与情境之美。在探索绘本与游戏融合的过程中，幼儿在自主、愉悦的游戏化阅读精神引领下，一方面，通过各种游戏与绘本沟通、对话，调动自身的知识经验并从中获取绘本信息，丰富阅读体验，提升绘本阅读的能力；另一方面，在阅读、感知、操作、模仿、想象等游戏化的趣味阅读活动中，产生对绘本阅读的亲切感和胜任感，让幼儿在感受绘本阅读快乐的同时，促进其语言、思维、情感、审美等多方面能力的全面和谐发展。

同时，绘本游戏化阅读不仅能满足幼儿的游戏体验，而且还隐藏着一些教育价值。绘本游戏化阅读对于幼儿来说，游戏性是首要的，幼儿各方面能力的发展是伴随着游戏过程潜移默化实现的，正如表演游戏促进幼儿语言和肢体表达能力的发展；角色游戏提升幼儿人际交往能力的发展；建构游戏促进幼儿肌肉协调能力的发展等。因此，在游戏化阅读过程中，既可以促进幼儿人际交往的心理发展，又可以为幼儿的四肢、肌肉等身体的发展提供一定的帮助，最终实现幼儿身心和谐发展。

（三）幼儿园绘本游戏化阅读的建议

为了让游戏化阅读在幼儿园绘本阅读活动中更加有效的运用并找到正确的定位，发挥其目的和最大价值，体现游戏化阅读活动的真正意义，因此，本研究针对绘本游戏化阅读中还存在的问题，从幼儿园方面、教师方面以及家庭方面提出以下建议。

1.幼儿园层面的建议

（1）构建游戏化的阅读环境。环境是重要的教育资源，应通过对环境的创设和利用，有效地促进幼儿的发展。因此，构建游戏化的阅读环境也是幼儿园开展绘本游戏化阅读需要思考的问题。依据游戏化阅读的教育观念，营造游戏化阅读环境将影响幼儿阅读行为的出现频率，这就要求在幼儿园的班级环境中，教师将环境与绘本资源巧妙结合起来，最大限度地支持和满足幼儿，让他们在"玩"中与环境产生积极有效的互动。教师可以根据绘本描绘的场景创设适合幼儿游戏的活动场地，让幼儿在这样的场景中潜移默化地体验与感受绘本中的角色、情节、故事冲突，进而促进幼儿对绘本的理解，扩展其社会经验。幼儿园应尽量将游戏化阅读环境的创设伸向幼儿阅读的每个角落，力求让教室的每一面墙饰都能发挥出利于幼儿阅读的最大价值，从而为幼儿构建一个想玩、乐意玩、有材料玩，以及想读、乐意读、有绘本读的游戏化阅读环境。

（2）丰富幼儿园绘本资源的获得渠道。幼儿园要丰富绘本的种类与数量，可以通过购买适合幼儿阅读的绘本，也可以通过精神奖励鼓励幼儿将自己的绘本带到幼儿园阅读区与同伴共享，同时对于已经毕业或者即将毕业的大班幼儿，幼儿园可以鼓励其家长捐赠已与幼儿年龄不符的绘本，这样既帮助家长处理闲置的图书，又能帮助幼儿园丰富绘本资源。此外，幼儿园也可以鼓励教师适当地使用网络绘本、电子版绘本以及多媒体资源开展集体阅读活动，这样在一定程度上降低购买绘本成本的同时，还拓展了幼儿绘本阅读的途径。

（3）宣传游戏化阅读理念，获得家长的支持。对于游戏化的绘本阅读方式，部分家长可能存在片面理解，认为幼儿阅读绘本需要安静的阅读氛围，这种游戏化的阅读方式会转移幼儿的注意力，最终使幼儿只获得了愉悦的游戏体验却未学到相应的绘本知识。为了获得家长的理解与支持，确保绘本游戏化阅读活动的顺利展开，幼儿园可以组织游戏化阅读的相关活动并邀请家长到园参观，介绍游戏化阅读方式的内涵，让家长近距离观察幼儿绘本游戏化阅读的开展过程以及幼儿在活动中的行为与表现，对游戏化阅读有更清晰的理解与认识。对于有条件的幼儿园也可以请相关游戏化阅读方面的专家来园为家长做讲座，使他们了解游戏化阅读能为幼儿的发展产生哪些积极影响以及游戏化阅读的价值表现在哪些方面，家长在对游戏化阅读有了更专业、全面的认识后，也有利于后续家园合作的开展。

2.教师层面的建议

（1）教师要提升自身文学素养。教师自身可以通过阅读相关书籍或文献，了解基础的文学理论知识，建议教师参考阅读《阅读儿童文学的乐趣》《幸福的种子》《好绘本如何好》《我的图画书论》《图画书：阅读与经典》等书目提升文学素养。除此之外，教师也需要阅读大量的绘本作品，善于捕捉绘本内容的价值点和游戏性，截取一些有趣的画面。对于大多数没有游戏环节和情节的绘本，教师在充分考虑幼儿年龄特点的前提下，应结合故事内容开发并生成适宜的游戏形式，将枯燥单调的阅读活动变得生动、形象而有趣。同时，教师可以有效利用网络资源，对当前开展游戏化阅读的最新研究及成果进行了解，提升自身的专业能力，以便当教师看到一本优秀的绘本时，能设计出符合幼儿年龄与阅读特点的游戏化环节，从而唤醒幼儿阅读的兴趣，培养其主动阅读的习惯，促进积极情感的生成。

（2）教师要根据幼儿的绘本阅读需求调整游戏环节。教师在指导幼儿游戏化阅读时，要把握好活动的本质，即游戏的环节是服务于绘本阅读的一种手段，而不是目的。

首先，教师必须要为游戏化的环节加入阅读情境的因素，以绘本内容为指导，游戏为辅助方式，使幼儿们在阅读情境中去参加游戏。如果幼儿主动参与游戏环节并去表现出强烈的兴趣，那么教师可以给予幼儿更多的探索空间，但要让幼儿明白自身参与的游戏是以阅读背景为前提的，最终目的并非单纯的游戏而是阅读。

其次，如果幼儿们在参与游戏环节的过程中，只是将其看作是一场游戏，出现偏离或者忘却了阅读，幼儿便很难在游戏当中对阅读产生兴趣，而是完全投身于游戏之中。这时，教师要根据活动开展的具体情况来适时适当地调整游戏策略，尝试更换游戏材料或者更换游戏形式，将幼儿拉回到阅读的正常轨道当中来，使其注意力转移到绘本阅读中，进而促进幼儿语言、思维、想象、创造等多方面能力的发展，养成良好的阅读习惯。

（3）教师要整合经验，提升游戏化阅读的开展频率。教师开展绘本游戏化阅读技能的提高在于理论与实践的结合，在学习大量理论知识的基础上，结合所接触的游戏化阅读信息，整合为教师的创新点，不断探索新型游戏化阅读活动的开展路径，使用发掘的游戏性文本，在实践活动中应用，既丰富了该领域的理论内容，也增加了相关实践应用案例，理论与实践相结合，促进教师开展游戏化阅读活动的能力与专业素质。同时，教师要注重绘本阅读对幼儿发展的价值和有效性，应经常在班内以游戏化的形式开展阅读活动，积累活动经验，提高教师的专业素质。在实现自身价值的基础上，促进幼儿阅读能力的发展与良好习惯的养成，帮助他们在游戏中阅读、游戏中学习、游戏中成长。

3.家长层面的建议

（1）积极配合幼儿园绘本游戏化阅读的开展。幼儿绘本游戏化阅读中的游戏环节与家长有着紧密的联系。

首先，在幼儿园开展绘本游戏化阅读时，家长要积极配合教师的邀请，使亲子互动效果更加显著。家长的参与不仅能够加强幼儿对绘本的理解和想象，促进家长与幼儿的情感交流，而且有利于引导幼儿身心健康成长。

其次，家长在家庭中也应积极配合教师开展的绘本游戏化阅读活动，重视绘本阅读中游戏的价值。例如，活动的延伸环节往往是鼓励幼儿回家与父母分享绘本故事或表演故事内容，这时家长应主动配合，做一个耐心的聆听者和表演者。

再次，家长可以配合幼儿园丰富绘本资源，更多的绘本资源是幼儿获得良好阅读的前提条件，家长可适宜捐赠家里闲置或已与幼儿年龄阶段不符的图书，为幼儿绘本游戏化阅读的开展增加微薄之力。

最后，很多家长在阅读方面还缺乏系统而科学的指导，对于幼儿园组织的有关绘本游戏化阅读的讲座家长可以积极参与，学习更多有关阅读方面的理论知识，丰富自身的文学素养，了解游戏化阅读的内涵和重要价值，最终通过家园合作，提升幼儿绘本阅读能力等多方面的发展。

（2）在家庭中开展绘本游戏化亲子阅读。绘本游戏化阅读不局限时间、地点、阅读伙伴，幼儿、教师、家长都可以是绘本游戏化阅读的参与者。家长在积极配合幼儿园开展绘本游戏化阅读的同时，也要主动在家庭中组织游戏化亲子阅读，合理购买绘本，考虑绘本内容的趣味性。此外，家长可以与幼儿共同制定阅读计划，合理安排阅读时间，满足幼儿的阅读需求，引导其养成良好的阅读习惯。

家长要结合幼儿年龄特点和绘本特点，灵活运用"扮演式""讨论式"等阅读方法，提升自身的阅读策略，保证绘本游戏化亲子阅读取得良好的效果。例如，家长与幼儿采用"扮演式"的阅读方法时，可以尝试互换角色，幼儿扮演妈妈，妈妈扮演幼儿，通过一问一答的游戏方式进行。对于年龄较小的幼儿家长可以提供和图画书有关的玩具或与绘本有关的物品，并在阅读前准备好。由此可见，绘本游戏化阅读架起了亲子之间沟通的桥梁，亲子阅读共享的不只是图书，还有彼此的关爱和情感的交流。

第三节　幼儿教师与班级管理

幼儿教师与班级管理应注重以下方面。

一、班级环境管理人性化，常规辅导艺术化

个体学习动机和心情，受班级环境影响，增进学习效果，需要好的环境。根据不同的节日、教学过程，教师应适时和幼儿共同进行班级环境的创设，而且教师要根据教学需求，设计或提供

多样化的教学情境、场所，让幼儿积极主动参与，更加喜爱自己班级的环境，使幼儿的主体性在环境创设中能够得以充分体现。要尊重幼儿，坚持"以幼儿为本"，在教育理念上要以促进幼儿的可持续发展为本，尊重幼儿在每个年龄段的身心发展规律和特点，让不同幼儿的发展需求在各个方面都得到满足，尊重幼儿的个体差异与潜能。面对 3~6 岁的幼儿，首先要弄清楚他们的年龄特点，才能让环境的创设最符合他们的特征，才能让环境与幼儿之间的互动、交流得以实现，对幼儿的言行要积极的认可，才能让幼儿的主体作用充分发挥。班级环境怎样规划布置，要通过教师和幼儿一起商量完成，也要充分考虑教学内容和期望达到的教育目标是否与环境内容一致。对于自己提供的材料，幼儿会有一种自豪感、归属感，这与幼儿的积极参与是分不开的，他们的创造性会通过装饰、创意被激发，这些创意作品的展示，使幼儿的成就感产生与于无形之中，师幼共同创设的环境也会促使幼儿更加珍惜爱护他们的班级。[①]

在环境创设的过程中要突出幼儿的主体地位，以幼儿为中心，引导和帮助幼儿动手操作能力和思维想象的发展，让幼儿真正成为班级里的一员，更好地参与到活动中来，对环境中的事务进行认识和认知。"做"是幼儿的本能，幼儿直接经验的获得可以通过"做"，通过摸、剪、拼、摆等具体环境材料的互动，让幼儿有兴趣动手操作，从而使幼儿的创新意识得到培养。

符合班级需求的生活常规，可以通过师幼共同商讨制定出来，这就需要教师运用艺术手段，如比喻、说故事、想象、行为后果等，透过班级讨论制定出使每位幼儿有所依据的规则，这种非教师强

①贾若涵.幼儿园教师班级管理策略运用的现状及问题研究[D].沈阳：沈阳师范大学，2020：72-79.

制的规则，是班级内所有幼儿共同参与讨论决定的，这样才能将良好行为真正内化，让幼儿自愿遵守、服从，不必时时紧迫盯着幼儿行动。

二、更新教育理念，关注幼儿思维的发展

幼儿是一个完整与独立的生命个体，他们有着自己的思想，有着自己的喜怒哀乐，有着自己的行为特征，有着自己的情感和想象。为了让幼儿获得全面的发展，作为幼儿教师必须不断地更新教育理念和教育教学方式，帮助幼儿进步，不是单一层面的发展某一特征，而是幼儿身心全面健康和谐的发展、是情感与认知共同作用的发展。教师对于幼儿的日常教育绝不仅仅是知识的传输和移植，我们要将认知与行为凝聚成为生命的智慧，这样才能发挥其最大限度的作用。教育的真谛与要义就在于使人与生俱来的天性和能力得以健康成长，并为其提供最好的环境，促使人形成正确的"三观"，使其成为一个有意义的人。在教育教学活动中，教师要摒弃传统的思想，给予幼儿更多情感上的关怀，知识需要积累，但幼儿的内心也需要我们去了解，从而激发出幼儿内在的生命力量与潜能。

在教育教学活动中，教师传授知识，幼儿通过日积月累、惯性记忆、反复读背，获得了知识，虽然说在一定意义上幼儿获得了发展，但是在某种程度上这种方式是机械地识记，幼儿完全没有自己的思维和想象，思维没有发散出来，况且思维的发展并不是简单的知识学习所能完成的。幼儿来到幼儿园不仅仅是学习知识文化，还要养成良好的行为习惯，培养幼儿具有健全的思想、丰富的想象力，培养幼儿发散性的思维，关注幼儿整体的进步。为了更好地促进幼儿思维的发展，作为幼儿教师要善于在课堂上

对幼儿提出问题，在遇到不同的情况发生时，要适时地对幼儿发问，使幼儿积极地思考解决问题的方法，从而促进幼儿思维的发展。另外，应保持课堂的愉悦氛围和愉快的游戏环境，采用一种轻松快乐的方式带动幼儿全身的感觉器官参与到活动中来。为了激发幼儿提出问题的兴趣，教师也要积极创设情境，很大程度上，幼儿积极提出问题并思考问题、主动进行探索能促进幼儿思维的发展。因此，为幼儿建立一个积极的学习环境和愉悦的游戏氛围，让幼儿有求知的欲望，对于幼儿发散性思维的培养与发展有着重要的作用。

三、增强教师的敏感性，掌握教学机智

教育教学过程中，敏锐的观察力和敏感性是一个重要的指标，是用来衡量教师专业能力发展的。在活动过程中，教师与幼儿之间、幼儿与幼儿之间都会发生各种各样的问题，增强教师的敏感性及时发现问题并解决问题，这样才能促使幼儿教师在课后自觉地进行教学反思，帮助教师发现日常管理工作中出现的问题并作出适时的调整及改进，充分地掌握教育活动中的智慧，使幼儿教师与幼儿在游戏活动、教育活动的过程中更加和谐。

研究表明，有着高度敏感性的幼儿教师会更受幼儿的喜爱，幼儿会更加依恋这样的老师，因为这样的幼儿教师会给幼儿一种老师就像妈妈的感觉。教师的敏感性包括可以敏锐地观察到班级内幼儿的情绪、动作、行为、面部表情等，通过这些意识到教育情境中的各种细小基微的线索及问题的源头在哪里，并立即作出回应、反思，觉察到自己是否在教育语言和教育方式、教育行为上存在偏差，及时作出适宜的调整，并依据正处于的教育情境采取最恰当的教育方法，侧面激励幼儿正向的、积极行为的发生。

　　根据上述对幼儿教师敏感性的理解，作为教师要想提升敏感性可以从两个方面着手。一方面，教师要了解幼儿的个别差异性，因材施教，提升问题意识，这是提高教师敏感性的首要条件。幼儿教师要能够正确地预期问题，意识到哪些幼儿在幼儿园需要教师额外地给予支持与鼓励、关注和引导，并在实践中积累经验、总结出心得体会，适时作出调整和规划。通过敏锐的洞察力、较强的问题意识为班级内的幼儿营造一个安全舒适、轻松愉悦的课堂氛围和游戏环境，这样往往更有利于幼儿教师与幼儿建构良好的师幼关系。另一方面，教师不能敷衍或者忽视幼儿提出的问题和需求，产生不耐烦的情绪状态。在幼儿主动向老师提出问题时，教师要积极的回应、给予安慰和鼓励，这样幼儿的生理需求或者情感需求都获得了相应的满足。高度敏感的教师会在幼儿情绪出现问题时，用温柔轻声的安慰、理解的态度回应幼儿，安抚幼儿低落的情绪。

　　高度的敏感性不仅要求教师要深入了解班级内的所有幼儿、有正确的管理理念和恰当的角色定位，更需要有着过硬的专业素养和专业能力、教育教学技能，最重要的是教学机智的运用。教学机智是教师在日常生活管理中通过高度的敏感性具有应对"突发事件"的应急反应，能作出迅速而正确的判断，并立即实施适宜有效的解决策略；是教师通过日积月累形成的丰富的工作经验和多元化的教育技巧，善于掌控班级内的环境和气氛，运用一切教育契机去帮其巧妙地处理各种问题；是师幼进行有效且良好互动的润滑剂，只有教师机智处理，才能让课堂教学充满着教育智慧。幼儿教师想要减少工作中的摸索与挫折，需要主动、自觉、虚心地对外寻找咨询资源，如：向专家教师请教、利用各种渠道与家长保持紧密联系、邀请家长参与班级规划等，并愿意自我反省与批判，才能尽快领悟出班级管理的成功策略和诀窍。

四、提高沟通技巧，构建平等合作关系

实现家园共育的重要环节是教师与家长进行有效的沟通。双方通过交流达到相互理解和支持、形成教育合力的状态，认识到教师与家长要建立充分的信任关系，共同促进幼儿的全面发展，这些才是幼儿教师与家长进行有效沟通的重要前提。

作为幼儿教师，明确自身的职责很重要，因为幼儿的习惯是从小养成的，所以幼儿教师与家长双方都有着不可推卸的责任。幼儿教师要不断完善自己的专业知识、专业素养和专业能力，提高自身的专业技能，在与家长进行沟通前，要做好充分的准备，积极为家长解决幼儿成长中出现的问题和家长的各种困惑，不能因为自身专业能力的欠缺而导致回答不出家长的疑惑，让家长产生不信任的心理，这样就失去了教师与家长良好沟通的前提。教师对于家长提出的问题能一一回答，家长也会非常信任教师，也会更加乐于与教师交流和沟通。

另外，幼儿教师不仅肩负着指导幼儿、培养幼儿全面发展的职责，也肩负着帮助家长提高家庭教育能力的义务。对于家长与教师在教育理念上出现分歧时，教师要在尊重和理解家长的基础上，秉承着求同存异的原则，通过与家长的沟通逐渐获取家长的信任，并以专业的经验循序渐进地对家长产生影响，切不可一蹴而就。

在信息的传达中语言只占7%，大部分是依靠肢体、面部非语言的行为来传达信息。因而幼儿教师在面对家长的时候要尽量在姿态和动作上表现出对家长的尊重和热情。在与家长进行沟通

的时候，教师要采用多元化的人际互动管理策略，不仅要考虑到家长的年龄、性格特点、文化程度等方面的不同，也要考虑到在什么样的环境和情境下与家长进行沟通，这些因素也会影响到交流的效果。在每次进行沟通的时候，教师要关注家长在谈话的过程中有什么变化，有什么样的面部表情变化，敏锐的观察力在交谈中起着重要的作用，针对家长作出的不同反应，教师要及时改变策略，运用多元的沟通技巧。

　　幼儿园教师与家长在进行沟通时，要认真倾听，不能将自己凌驾于家长之上，要虚心接纳家长提出的意见和建议，对于合理的意见要积极采纳，不合理的要求要主动与家长沟通。家长也要有正确的角色定位，要认识到自身在幼儿的教育活动中有着一个不可推卸的责任和义务，家长在幼儿的教育与常规训练中的作用也是无可替代的。为了使幼儿在幼儿园和家庭这两大教育环境中都能受到良好的教育影响，家长要发挥出自身的优势，与教师紧密沟通、积极配合，做到家园共育。在幼儿园中，教师管理的是整个班级的幼儿，要照顾到所有的幼儿，而家长面对的只有自己的幼儿，所有的精力都倾注在幼儿的身上，所以对于幼儿的了解家长要比老师更深入，但是幼儿教师有一定的理论和实践的基础，受过专业的培训，在专业知识和专业能力方面有着一定的优势。所以说，教师与家长各有所长，只有很好地进行交流，以一种平等合作的态度互相学习、互相配合，这样才能在教育幼儿的过程中让幼儿更好的成长。

第四节　幼儿园分类管理——以民办幼儿园为例

下面以达州市民办幼儿园为例，探讨幼儿园分类管理工作的开展策略。

一、完善并解读地方分类管理政策

（一）完善配套分类管理政策

完备且又可操作的配套政策是地方新政的关键，民办教育分类管理诸多的具体问题，是需要依靠系列的配套政策来回应和解决的。达州市在国家及四川省对于民办教育分类管理一系列政策指导下，完善制定地方政策时应充分考虑政策的完整性、可操作性和前瞻性。民办学校分类管理政策的内容越是具体完整、细致可操作，政策的执行效果便越是显性，并且理论政策的制定应走在实践的前面，充分地发挥政策的导向性作用，从而才能满足和适应民办学校的实际需要，也才能更好地促进民办学校健康发展。

根据达州市民办幼儿园分类管理现有政策情况，可从三个方面来调整完善相关政策：①针对举办者关注热点问题，如财产清算、奖励扶持、税收优惠、土地政策等问题进行政策明确化，直面核心问题以排除举办者在分类管理选择上的疑虑，充分给予举办者对选择不同类别民办幼儿园利弊分析的依据，从而促进分类管理的进展；②完善出台《非营利性民办学校的监督管理办法》，分类管理的主要内容就是根据不同类别性质的民办学校，实施不同内容的管理办法，对于非营利民办学校国家在各方面都有相关的扶持与资助，因此，对于此类学校在财务资产管理方面更应该明确细化，规范其办学行为；③建立民办幼儿园分类管理监督机制，政府除需要加强民办幼儿园内部管理的监督机制外，还应联合民众、大众传媒与社会对达州市的幼儿园分类管理进行充分监督，特别是对政策执行过程中的腐败现象进行透明曝光。同时，可建立起由政府、学校、家长及社会等多方组成的综合评价体系，对学校环境、师资质量等与教育有关的公共服务进行科学评价，进一步保障教育公平。

（二）解读宣传分类管理政策

民办教育分类管理改革的成败不仅在于政策本身的科学合理性，也在于政策执行的过程中各方对政策的充分理解，特别是民办幼儿园举办者对政策的理解和选择将直接导致民办教育政策执行的效果。因此，做好民办幼儿园举办者对政策的理解和认同是落实民办幼儿园分类管理的先决条件。

按照"谁起草谁解读"的原则，达州市教育行政部门可发挥政策法规科的职能职责，专门建立对民办教育的分类管理政策的解读；邀请全国政策试点先行省市专家或学者来达州市，全面深入介绍民办教育分类管理政策，通过宣传解读，凸显政策的亮点，为政策制度的贯彻实施营造良好的环境；充分发挥主流媒体的作用，如广播电视、报刊、政府官网、政务微博、便民热线等，运用新闻发布、专题培训、政策问答、媒体专访等多种形式进行政策宣传，探索开创丰富多样的解读形式，让广大群众对于民办幼儿园分类管理政策入脑入心，从思想上消除举办者对改革的误解与担忧，明确国家对民办学校分类管理改革发展的目的和意图，改变举办者观望等待、左右不定的心态，争取让举办者从排斥被动到主动积极、接纳认可国家分类管理教育新政。

二、扩大民办幼儿园的资金投入

民办幼儿园作为一项提供准公共产品的公益性事业，根据教育的成本分担理论，政府、社会和家庭都应是民办幼儿园其成本分担的共同承担者。而政府应充分考虑民办教育对社会收益的贡献，必须对民办幼儿园的教育成本进行部分承担，且应对民办幼儿园给予必要的资助和一些优惠政策扶持。同时，鼓励社会资本的投入，以减轻民办幼儿园的资金压力，从而为民办幼儿园分类管理改革提供强有力的物资保障。[①]

（一）扩大公共财政支持

政府作为民办幼儿园的成本分担方，应对其适当进行资金的支持与保障。达州市可从建立健全公共财政方面来支持民办幼儿园，通过分类扶持的方式落实财政资助及优惠政策，从而减轻民办幼儿园的办园压力。

在分类管理的背景下，地方政府应对不同性质的民办幼儿园给予不同的资助，既要考虑全面又要有侧重点地进行分类扶持。扶持的方式可采用直接资助和间接资助，扶持的对象既可是民办幼儿园也可是师生个体。非营利性民办幼儿园应与公办幼儿园一样，得到地方财政的直接资助，地方政府在财政预算中应将非营利性民办幼儿园纳入计划范畴。地方政府对于在办学水平及社会服务水平等方面考评优秀的民办幼儿园，可以给予一定的资金奖励，更好地体现公平与效率。教育分类管理政策仅仅区分的是民办幼儿园的办园类型，民办幼儿园的教师与学生享有国家资助的政策并不因此改变，只要符合国家政策中的资助条件的师生均可获得与公办幼儿园同等的资助。

---

①庞娟.达州市推进民办幼儿园分类管理研究[D].成都：四川师范大学，2020：29-33.

（二）鼓励社会投入资本

与经济发达的地级市相比，达州市地方财政在资金有限的前提下也可学习重庆市的举措，牵头成立民办幼儿园发展基金，引入公益信托机制，引导慈善组织、捐资者、民办幼儿园等按照国家规定利用捐赠资金、慈善财产和办学结余设立教育基金或交由具有办学能力和管理能力的教育基金会举办非营利性民办幼儿园；在保障生均教育支出水平和提升办学质量的前提下，支持营利性民办幼儿园开展股权和债券融资；支持民间资本组建民办教育投资集团和私募股权投资基金，利用多层次资本市场，完善营利性民办幼儿园股权转让退出机制；鼓励民间资本通过 BT、BOT、PPP 以及发行企业债等形式参与民办幼儿园基础设施建设和运营管理；鼓励金融机构对产权明晰、办学规范和信誉良好的民办幼儿园提供信用贷款并适度给予贷款利息优惠。

三、强化部门之间的合作协同

从对以往国家政策实施开展情况的分析，教育政策执行困境中一个最大的因素便是政府行政部门之间存在的相互掣肘。民办学校的分类管理改革不是教育行政部门单独就能贯彻执行到位的，需要政府各部门协同合作，这不仅需要政府与学校、社会、行业之间多向的协同，还需要学校与教育行政部门的协同及政府部门内部之间的协同。虽然，达州市目前已经成立了联席会议制度，但进一步紧密加强政府内决策部门之间的合作协同仍显得极其重要。

（一）明确职能强化责任

学前教育作为基础教育，对于人一生的发展起到的关键作用已经被学者们充分认证。民办幼儿园作为学前教育的一部分，对国家基础教育发展起着至关重要的作用，在民办幼儿园分类管理、分类扶持的原则下，市级财政部门应将民办教育财政经费纳入年度计划的预算中，合理安排资金的同时，分配好民办学校扶持资金份额，采取必要且适当的措施，建立科学有效的运转机制，利用有限的民办幼儿园经费在使用过程中降低损耗。

民办幼儿园分类管理后，非营利性民办幼儿园将获得政府大力的扶持，资金扶持的同时必将对财务管理等方面进行监管，建立达州市非营利性民办幼儿园经费管理的预算制度、决算制度、会计制度和审计制度，补漏防弊，防止关联交易的发生，提高教育经费的使用效率。因此，达州市审计局可按照《中华人民共和国审计法》的有关规定，对达州市民办幼儿园的资产和经费使用情况进行审计和监督。同时，市级编制、民政、工商、人力资源和社会保障等相关部门，应各司其职保障民办教育规范发展。例如：市民政局负责做好民办学校法人属性的登记工作；市国土资源部门负责安排民办学校建设用地问题；市物价部门负责对民办学校的收费管理与监督；市级税务部门负责民办学校在税收优惠方面的实施与落实；市级人力资源和社会保障部门负责对民办学校的管理，力求进一步完善民办学校教师社会保障制度。

（二）搭建信息共享平台

达州市民办教育分类管理相关政策的顺利实施，需要以教育行政部门为主要牵头单位，联络其他相关部门进行协同对民办教育发展中的难点热点问题及各类在改革中的安全隐患等问题及时研判、密切配合、落实措施，形成有力、长效的工作机制，共同推进达州市的民办教育分类管理工作。但现实情况下，由于政府部门之间的信息不对称，导致地方政府对民办幼儿园的监督不到位，管理中会存在监管漏洞。由此可见，在多个部门之间建立一个共享信息的平台，让各部门对民办幼儿园的监管与扶持等相关信息能通过平台充分地透明与公开，这不仅有利于政府各部门对民办幼儿园信息的掌控，而且可以让民办幼儿园的管理工作更加有效率。

四、创新改革新路径

根据国家对民办教育分类管理的顶层设计，国家框架已经初见成型，地方政府除了没有税收政策的权限外，在政策引导、政策扶持、政府补贴等方面均赋予了极大的创新空间。而民办教育政策的创新是一项复杂的系统工程，涉及的领域也是非常广泛的，需要政府充分调动各相关部门积极参与，也需要吸收多领域的专业人才建言献策。因此，达州市需要在深入调研的前提下，广泛听取民办幼儿园举办者、教师、家长和相关领域的学者的意见，充分发挥行业组织和专业人士的作用。针对民办幼儿园分类管理推进缓慢的情况，建议转换改革思路，从大力发展普惠性民办幼儿园的思路出发，以完成学前教育的普惠指数为前提，引导和支持民办幼儿园向普惠性方向发展。当然，鉴于达州市一部分区县已制定普惠性民办幼儿园的认定标准，关于确定普惠性的收费标准方面，建议结合当地公办幼儿园收费标准和当地人均收入标准进行合理调整，在此基础上，再引导普惠性民办幼儿园转为非营利民办幼儿园。

第五节　家长参与幼儿园管理的策略

一、厘清理念，形成参与共识

（一）营造家长参与园所管理环境

为能达到重叠影响阈理论下的民办幼儿园家长参与管理的效果，笔者认为营造良好的参与环境，需要园所、教育部门以及家长三方的共同努力。

首先，园所要丰富宣传方式，加大宣传力度，采用专题培训、活动宣传月等多种宣传形式，加深家长对家长参与园所管理内涵的理解。

一方面，要借助家长学校功能，明确家长参与的权利和义务。幼儿园要积极举办家长学校，并邀请国内外知名专家或学者作为讲师，为所有家长讲解家长参与园所管理过程中家长和园所的权利和义务，从而保障家长更能有效、合规、合法地参与园所管理工作。

另一方面，教育部门及园所要进行专项培训，明确家长参与的内容和形式。一是教育部门要出台相关政策，明确家长参与园所管理的内容和方式，确保家长能够采用正确的方式参与到准确的领域中来。二是邀请专家学者为教师讲解家长参与园所管理的相关知识，培养专项教师，指导教师引导家长参与到幼儿园管理的方式方法。三是地方教育部门要开展宣传月等活动，在人员集中的场合做宣传，同时通过媒体以及微信公众号等互联网媒介宣传，加深家长对于家园共育价值的认同，普及家长参与园所管理知识。

其次，教育部门要重视对园长的支持，营造良好的民办幼儿园家长参与管理环境。一是当地教育部门要对民办幼儿园举办者进行专项培训，既能让园所举办者理解家长参与园所管理的内涵，也能让园所举办者认识到家长参与园所管理的重要性，并制定出可供家长参与的制度，从而推动家长参与园所管理的工作进程；二是根据园所发展情况对民办幼儿园举办者进行监督考核，给予一定的奖励，吸引更多的民办幼儿园支持家长参与园所管理工作。

（二）积极推动家长参与园所管理工作

首先，家长要转变教育只是学校（园所）的责任的观念。传统观念认为教育是园所的事情，家长只负责把幼儿送到园所。而实际上，教育不只是园所的责任，还需要家长以及社会多方的共同努力，它们都在不同程度上影响了幼儿的身心发展，家长、园所和社会在幼儿教育上都要承担不可推卸的责任。所以，家长要积极主动参与到园所管理中，提高自身的教育认知能力，为幼儿提供更好的教育环境。一方面，园所可以邀请国内外知名教育家来园所演讲，并动员家长积极参与，从而影响家长参与园所管理的观念；另一方面，民办幼儿园要利用自己民办性质的特点灵活地制定家长参与园所管理活动，例如举办家长游园活动等，让家长在参与过程中潜移默化地转变观念。

其次，民办幼儿园要改变家长被动配合园所工作的处境。传统观念认为，家长在子女教育中只作为"配角"，只要做好园所交代的工作就好。实际上，家长是子女的监护者，对子女的教育具有持续性，只有在主动了解幼儿的前提下，才能和幼儿更好地沟通；而对民办幼儿园的发展而言，家长作为消费者，他们的选择将直接影响民办幼儿园的生存与发展。家长的教育诉求会很大程度上左右民办幼儿园保教活动的实施。所以，民办幼儿园要在各类宣传活动中注重家长对于家园共育价值的了解，从根本上认识到家长参与幼儿园的管理活动是一项互利共赢的举措，唤醒家长参与的意识，让家长参与园所管理成为家长的一项权利或义务；民办幼儿园要引导家长走进校园，园所可以开展家长助教、家长志愿者等相关活动，在活动后收集家长的心得体会。既可以让家长理解幼儿园的教学和教师的工作，也可以让教师了解家长潜在的丰富的教育资源，从而提高教育质量。

最后，园所要改变被动的家园合作模式，变被动为主动，使家长做到积极为园所发展谋划。一方面要引导家长理解家园合作的内涵，分清家长和园所的权利和义务。园所除了举行定期的园所活动之外，还可以发放一些家园合作的宣传资料，召开家园合作交流会，让家长和教师双方参与，在相互讨论中理解家园合作的内涵，对家长参与园所的权利和义务进行细化区分，使教师和家长认识到家长参与到园所管理活动中，是一件互利共赢的举措。另一方面民办幼儿园要建立本园所的家长参与园所管理制度执行规划，规划家长参与管理细则，分清家长和园所的权利和义务，从客观环境上保障家长参与过程的有效有序进行。[①]

二、重视需求，鼓励参与主体

基于人类发展生态学理论用"双向"理论来描述家长与幼儿、教师与学生之间的关系，认为家长和教师均与学生有长时间的互动接触。因此，幼儿园在制定家长参与幼儿园管理活动的计划中要考虑家长需求，必须重视内外系统的不同作用，了解家长的教育水平和幼儿的家庭环境，同时也要考虑家长的特长和工作时间等客观因素，尽量满足家长期望。民办幼儿园面向来自各行各业

①王皓洁.民办幼儿园家长参与管理策略研究[D].长春：东北师范大学，2019：18-43.

的家长，每个家长在参与园所管理过程中有着不同的需求，园所要根据家长的不同需求制定参与方案，让更多家长参与园所管理活动，同时也能保证参与的质量以及参与的积极性。

（一）重视家长需求

首先，园所要根据家长需求及能力，合理规划在参与过程中家长能够参与的管理环节。比如，家长擅长会计管理工作的，可以聘为园所会计咨询师，重点参与园所的财务管理工作等。

其次，园所要按照平等、尊重、合作的原则，使家长在教育观念上接受，做到主动参与。在幼儿园的管理上，保持开明的态度，对于合理的意见方案积极落实，进而加强家长与学校双方的信任，让更多的家长有信心参与进来，这样既调动了家长参与的积极性，又发挥了家长的资源优势，保证家长参与幼儿园管理工作的持续性，进而促进幼儿园全面发展。

再次，园所要实施开放性管理，邀请家长参与班级活动是保障家长参与的重要的途径。在家长参与过程中，教师要引导家长对于幼儿园管理问题的关注，结合自身工作经验，引发家长思考。比如，让擅长烘焙的家长策划烘焙课程、擅长物理的家长参与物理竞赛的策划等，教师在引导家长参与活动的过程中，不仅从家长处获得了有关的教育资源的支持，而且也让家长在参与过程中学会如何正确引导幼儿主动学习，结合自身的行业特征，思考在环节设置上如何优化。家长的参与提高了幼儿学习与探索的积极性的同时，也丰富了幼儿园的教育活动，这种参与提升了家长和教师双方的教育水平和管理水平，共同推进了幼儿园教育质量的提升，使得家长参与园所管理的效果更佳。

最后，园所要广泛收集家长意见。园所在每次活动结束后，可以开展分享心得活动，要注意有针对性地收集家长意见，尤其对于参与积极性较高的家长，以及在活动中承担较多工作的家长意见的收集。从而让家长明晰如何更好地参与园所的管理，还要通过家长座谈会总结家长们有针对性的宝贵建议，落实民办幼儿园家长参与管理的目标。

（二）鼓励家长参与

园所要根据家长个人能力和从事职业，对家长参与的管理内容进行分工，这样既能减少家长参与园所管理工作的压力，也能有效利用家长具备的专业能力为园所发展提供支持。家长从事的工作有别于幼儿园，其基于其他领域的工作经验，对于专业的问题有着独特的见解和感悟，对于幼儿园的发展犹如注入活水般可贵。所以，园所要全面收集家长信息，根据家长的职业特点和能力来进行管理分工，从而既能保证每个家长都能参与到园所管理工作中来，也能提高参与的质量。

首先，利用民办幼儿园的办学性质，通过发放免费书刊、日历或者其他园所特色纪念品鼓励家长参与园所管理，让家长看到幼儿园对家长参与管理活动的支持，表明园所的态度，在活动中提高家长对参与园所管理必要性的理解，体会到家园共育的价值，增加家长参与的信心。

其次，园所设立家长参与管理资金库。根据民办幼儿园的民办性质，从运营资金中抽出部分资金作为家长参与园所管理经费使用，外聘具有专业技术知识或者有能力的家长作为顾问或者志愿者教师，结合家长需求以及专家意见，建立家长意见收集制度。一是指定专人负责收集汇总家长意见，并定期做出回复；二是在园所显眼的地方设立意见箱，并指定专人查收处理，对提出可采纳意见的家长给予奖励。

此外，园所还可设立家长参与园所管理表彰制度。为了积极引导家长参与园所管理，可量化家长参与园所管理活动内容，学期结束后，根据家长参与情况颁发相应的奖励证书等。

三、抓住关键，深化参与内容

幼儿园的管理内容包括园所规划管理和园所常规管理，园所规划管理指对幼儿园发展规划的制定、执行以及评估等方面的管理，而园所常规管理主要指行政管理、教职工管理、学生管理、教育教学管理、安全管理、校园管理、财务及资产管理等七项管理指标。从相关调研来看，目前家长参与园所管理主要集中在食堂管理等表层的管理活动，并没有深入幼儿园管理，需要让家长能参与到园所管理的各个环节，从而深化家长参与内容。因此，园所需要抓住关键，拓宽家长参与领域、深化参与层次。

（一）对幼儿园规划管理的参与

幼儿园发展规划管理是指幼儿园共同体在坚持幼儿园的公益性、普惠性的基础上，结合国家或地区相关法律法规，全面系统地分析幼儿园现有的发展状况，组织多方力量共同明确幼儿园的未来发展目标，并制定相应的规章提高幼儿园管理水平的一种动态管理方式，主要包括制定幼儿园发展规划、执行幼儿园发展规划、评估幼儿园发展规划等步骤。园所发展规划的主要内容有对园所的现状分析、对园所办学理念的解读、园所培育目标的确定、园所实施纲要以及保障措施等。由于民办幼儿园营利性质，家长的选择直接主宰着民办幼儿园的命运，民办幼儿园的发展规划更应该结合家长建议，以确保园所在市场竞争中脱颖而出。所以，园所要多措并举，鼓励家长参与民办幼儿园发展规划管理。

首先，园所要积极邀请家长参与园所发展规划的制定。幼儿园发展规划的制定是指依据国家政策对幼儿园发展现状进行判断，确定一段时间内园所的发展愿景，并且拟定行动策略和步骤制作成文本，持续促进园所发展。幼儿园的发展规划是一段时间内幼儿园总的活动章程，决定着园所的发展方向和具体做法，家长参与园所发展规划的制定是家长参与园所管理的关键步骤，园所要对家长参与园所发展规划制定高度重视。一是要大力宣传家长参与园所规划的意义。只有家长意识到参与园所管理规划的重要性，才能调动家长学习的积极性、参与的主动性。园所要突破传统观念的束缚，主动接纳家长参与，并借助信息交流平台、家长委员会等方式宣传、介绍家长参与园所规划制定的必要性。二是要提高家长参与园所发展规划的能力。邀请专家到园所对家长进行专项培训，使家长了解园所发展规划的内容，侧重让家长了解园所发展规划的重点，提高家长参与规划管理的能力，增加家长建议的可执行性。三是要成立家长参与园所发展规划小组，全面收集广大家长意见。对于园所的办学优势和薄弱环节，民办幼儿园的家长最有发言权，但由于民办幼儿园家长的局限性，家长的意见层次不一，而园所发展规划涉及内容比较全面、专业性较强，所以园所需要成立规划小组，邀请家长对园所办学现状、办学优势、薄弱环节进行分析，由家长委员会积极收集家长意见，并与具备相关经验的家长代表进行汇总、甄别后递交意见，进而完善园所发展规划的制定，弥补以家长角度对于园所发展规划的空白。四是邀请家长参与办学理念的更新。在校训、校风、办学宗旨、发展理念、管理理念以及用人理念等方面要征求家长意见，邀请家长共同参与制定园所办学目标和培育目标，确保园所发展满足家长期望。五是要邀请家长共同制定发展规划实施纲要（（或步骤），保证园所规划的具体步骤能体现家长意见。

其次，园所要积极邀请家长参与执行园所发展规划。幼儿园发展规划的实施是指按照既定的流程把幼儿园发展规划付诸实践的过程，它是达到幼儿园预先设定目标的基本途径，所以要积极鼓励家长参与园所发展规划的执行，保证家长能够参与园所发展规划的执行。一是要告知家长园所的发展规划，对于园所的办学现状、薄弱环节以及园所教学管理、德育管理、教师队伍管理等环节的实施纲要进行解读，通过印发园所发展规划手册发放到家长手中，让家长了解园所现阶段的发展动向，同时在园所明显位置绘制园所发展规划路径，以便家长能够时刻了解园所发展规划的具体环节。二是要丰富家长参与园所规划执行的路径。没有任何规划能做到百密无一疏，基于家长对于园所发展规划内容的了解，在发展规划的执行过程中家长更容易发现问题，对于家长的意见园所要注意及时收集，比如开放园长专线、定期召开专题会议等。

最后，园所要积极邀请家长参与园所发展规划的评估。幼儿园发展规划评价是指依照园所办学目标和培育目标对幼儿园发展规划实施效果进行客观评估的过程。邀请家长参与园所发展规划的评估，能够保证评估结果的公正性和全面性。因此，要积极邀请家长作为园所发展规划评估小组成员，对园所发展规划的执行进行客观公正的评估。此外，还要设置举报箱或者意见箱等多种途径收集家长及社会意见，对园所执行发展规划进行全面评估。

（二）幼儿园常规管理的参与

园所常规管理的内容包括行政管理、教职工管理、学生管理、教育教学管理、安全管理、校园管理、财务及资产管理等。园所常规管理是园所主要的管理活动，保证常规管理参与是深化家长参与层次的前提。

首先，园所要积极邀请家长参与园所教育教学管理工作。教育教学活动是园所最基础也是最核心的活动，只有家长参与到幼儿园日常的教育活动中，才能引发家长深入思考，进而引导家长对于管理环节深层次的参与。一是要邀请家长参与到幼儿园的课程设置中。民办幼儿园要发挥自身的教育性质特点，依据国家和地方关于课程设置的文件要求，积极邀请家长参与到园所自主课程开发以及教学课程设计中，例如邀请具有农作物种植经验的家长，开设农业种植课堂，让幼儿了解、观察农作物的生长过程和特点等。二是邀请家长参与幼儿园教育质量的评估。家长参与教育质量的评估是提升民办幼儿园教育质量的必要途径，邀请具备相关经验的家长担任评估成员，结合家长意见在教育质量评估中设置指标，量化考核。

其次，园所要积极邀请家长参与园所的后勤管理工作。除了教育活动，园所的后勤管理也是园所管理的重要环节。例如，邀请志愿者家长在校体验，引导家长参与到学生的日常管理中；或者可以邀请具备营养师资格的家长作为园所的营养顾问，对学生的饮食进行指导，保证幼儿的饮食健康等。

最后，园所要积极邀请家长参与园所教职工管理工作。一是邀请家长参与教师聘用工作。教师的教学质量直接影响着幼儿接受的教育，园所应该邀请家长对教师的聘请提供参考意见。在聘请教师过程中，可以邀请有相关经验的家长担任人事顾问，收集家长意见，参与到教师聘任工作中，并从家长的角度提出对于教师聘任的标准等。二是邀请家长参与教师评价工作。除了来自园所以及教育部门对教师的评价外，家长对教师的评价也应纳入评价指标，可以邀请家长参与教师年终考核工作。

此外，园所要挖掘家长资源，鼓励所有家长积极参与到园所的安全管理、校园管理、财务及资产管理等多个方面，发挥各自的经验和特长；在教学管理、德育管理、教师队伍管理、科研管理、总务管理、安全管理、校务管理等方面设置家长专席，对于已经收集到的家长意见及时进行考查、处理，并积极落实，积极鼓励家长参与园所的常规管理工作，并对其进行监督；对于从事教育管理研究的家长，可以邀请其参与园所管理的科研课题研究，使家长在研究中参与园所管理工作，更能从家长的角度为家长参与园所管理的理论研究提供宝贵参考。

结束语

　　随着人们对教育的不断重视，幼儿园课程对于地方化、特色化的追求也在不断地加深，幼儿园教育课程也在不断地进行着创新与发展。学前教育课程主要是为了帮助幼儿对社会建立基础认知，因此，它对幼儿生长发育是一个重要的知识建立阶段。对于我国当前的学前教育课程模式设计，教育工作者要合理地进行学前教育课程目标的确立，使之更加有效地进行学前教育课程的教学；合理地进行学前教育课程模式的建构，使其能够确切地运用到实际的学前教育过程中，而不是只停留在教学改革的表面；针对不同的学科课程特点进行不同的模式设计，有针对性地进行课程内容的选择，使幼儿在学习过程中能将所学知识与生活实际进行结合，提升幼儿的学习兴趣，有效培养幼儿的思维能力。

　　本书基于管理与学前教育管理理论，重点围绕幼儿园管理过程与原则、环境创设、多元的工作管理等方面进行论述研究，具有一定的理论创新和学术价值，对我国学前教育教学研究具有重要的现实意义。

参考文献

一、著作类

[1] 蔡华．幼儿园管理 [M].北京：北京邮电大学出版社，2016.

[2] 张莅颖．幼儿园管理基础 [M].保定：河北大学出版社，2012.

[3] 张晓焱．幼儿园管理 [M].北京：航空工业出版社，2014.

[4] 郑子莹，卢雄．学前教育组织与管理 [M].成都：西南交通大学出版社，2016.

二、期刊类

[1] 安娟．幼儿园社会实践活动的研究 [D].上海：华东师范大学，2020：182-189.

[2] 白俐．在实施管理伦理中促进幼儿园教师健康成长 [J].学前教育研究，2011（3）：66-68.

[3] 包呼和．系统科学视域下学前教育专业精品课程的建设与管理 [J].学前教育研究，2009（6）：24-28.

[4] 毕欣．太原金色阳光幼儿园精细化管理研究 [D].兰州：兰州理工大学，2020：33-68.

[5] 陈学敏．幼儿园组织视角下教师情绪管理的问题及管理系统构建 [D].呼和浩特：内蒙古师范大学，2020：37-58.

[6] 陈颖清．幼儿园"童乐游戏"课程的建构与管理 [J].学前

教育研究，2021（4）：85-88.

[7] 樊晓娇.学前教育治理体系的发展态势——基于经合组织国家经验的分析 [J].学前教育研究，2021（5）：15-27.

[8] 范明丽，洪秀敏.我国学前教育管理体制改革的历程与方向——改革开放40周年回眸与展望 [J].学前教育研究，2019（1）：22-32.

[9] 冯婉桢.民办幼儿园园长对地方政府学前教育管理的满意度 [J].学前教育研究，2015（4）：27-34.

[10] 高杉.以营造幼儿成长健康的自然光环境为引导的幼儿园设计策略及模拟研究 [D].北京：北京建筑大学，2020：11-85.

[11] 洪秀敏，魏若玉，缴润凯.民办幼儿园园长专业素养的调查与思考 [J].现代教育管理，2019（1）：41-46.

[12] 洪秀敏，朱文婷，刘鹏，等.新时代幼儿园园长专业素养的调查与思考 [J].教育学报，2018，14（5）：82-91.

[13] 黄爱玲.学习型组织理论与幼儿园组织管理的变革发展——谈学习型组织理论对幼儿园组织管理的启示 [J].学前教育研究，2004（1）：55-57.

[14] 贾若涵.幼儿园教师班级管理策略运用的现状及问题研究 [D].沈阳：沈阳师范大学，2020：72-79.

[15] 靳瑞敏.幼儿园园长在园本研修中的作用 [J].学前教育研究，2016（3）：67-69.

[16] 赖竹婧.学前教育专业实践教学体系的构建——《学前教育实践教学组织与指导》[J].学前教育研究，2020（12）：封3.

[17] 刘敏.学前管理中的问题与解决策略探究——评《学前教育管理学（第2版）》[J].中国教育学刊，2018（6）：后插13.

[18] 卢琰.幼儿园科学教育组织与实施的现状研究[D].沈阳:沈阳师范大学,2020:50-55.

[19] 罗丹.幼儿园大班户外活动组织研究[D].大连:辽宁师范大学,2020:40-46.

[20] 马雪琴,杨晓萍.学前教育质量保障与实现路径——基于质量文化的视角[J].河北师范大学学报(教育科学版),2019,21(5):114-119.

[21] 庞娟.达州市推进民办幼儿园分类管理研究[D].成都:四川师范大学,2020:29-33.

[22] 庞丽娟,范明丽.当前我国学前教育管理体制面临的主要问题与挑战[J].教育发展研究,2012(4):39-43.

[23] 钱霞.幼儿园的经营与管理初探[J].学前教育研究,2001(6):51-52.

[24] 汤雅黎,邓李梅.幼儿园课程领导的困境与突破[J].教育探索,2015(10):45-48.

[25] 田欣桐.基于CLASS评估系统的幼儿园过渡环节活动组织研究[D].青岛:青岛大学,2020:18-43.

[26] 王海英.我国学前教育公共服务体系的组成与构建[J].学前教育研究,2014(7):19-25.

[27] 王海英.新中国70年我国学前教育管理变革的回顾与反思[J].南京师大学报(社会科学版),2019(4):40-52.

[28] 王皓洁.民办幼儿园家长参与管理策略研究[D].长春:东北师范大学,2019:18-43.

[29] 王唯一.幼儿园组织气氛与幼儿园教师情绪劳动的关系研究[D].沈阳:沈阳师范大学,2019:60-62.

[30] 王元，王唯一，索长清.幼儿园组织气氛类型及其与幼儿园教师情绪劳动的关系 [J]. 上海教育科研，2020（2）：93-96，18.

[31] 魏军.对我国学前教育管理体制政策的回顾及其特点分析 [J]. 内蒙古师范大学学报（教育科学版），2013，26（2）：22-25.

[32] 吴立保.道德领导理论视野中的幼儿园管理 [J]. 学前教育研究，2007（5）：7-10.

[33] 肖晓敏.教师职业生涯的规划与管理 —— 幼儿园管理的新视角 [J]. 学前教育研究，2005（6）：46-47.

[34] 肖幸，朱德全.组织与精神：学前教育专业文化生态的共生逻辑 [J]. 教育研究与实验，2020（5）：66-71.

[35]肖玉，周丛笑.我国"十五"以来学前教育管理研究综述 [J].当代教育论坛，2009（19）：21-24.

[36] 谢敏.浅谈幼儿园班级管理策略 [J]. 当代教育论坛，2011（31）：92-93.

[37] 薛丁铭，李永鑫.包容型领导对幼儿园教师工作投入的影响 [J]. 学前教育研究，2017（7）：11-19.

[38] 杨姝琛，邢利娅.革新幼儿园园长的课程管理模式 [J]. 内蒙古师范大学学报（教育科学版），2006，19（4）：115-116.

[39] 杨晓萍，王其红.走向实践共同体的学前教育教研制度——基于新制度主义的分析[J].内蒙古社会科学，2020，41（2）：182-188.

[40] 姚伟，冷雪姣.幼儿园组织创新气氛的现状 [J]. 学前教育研究，2012（12）：27-33.

[41] 袁小平 . 和谐管理思想观照下的幼儿园管理创新 [J]. 学前教育研究，2005（7）：88-90.

[42] 张根健，卜凡帅 . 学前教育师资供给侧结构性改革的内涵与策略 [J]. 学前教育研究，2021（3）：81-84.

[43] 张晓芬，尚天天，李爽 . 新型城镇化进程中学前教育发展与管理模式 [J]. 现代教育管理，2014（8）：27-30.